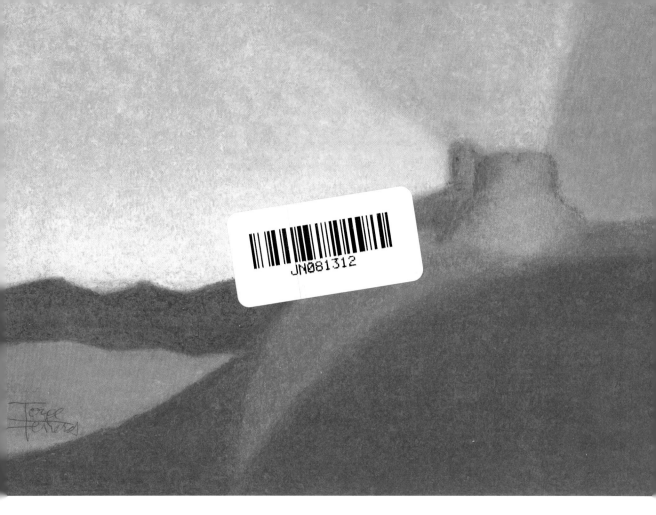

JN081312

Mi casa es tu casa

— Guía para aprender y comprender el español —

Mariko Ohashi
Hideo Kimura
Mitsuya Sasaki
Yukiko Nagata
Akira Watanabe

Editorial ASAHI

PAÍSES HISPANOHABLANTES

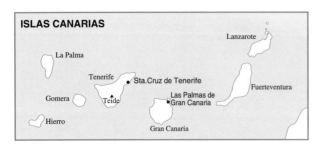

ISLAS CANARIAS

Lanzarote

La Palma

Tenerife · Sta.Cruz de Tenerife

Fuerteventura

Gomera · Teide

Las Palmas de Gran Canaria

Hierro

Gran Canaria

ESPAÑA

Mar Cantábrico

FRANCIA

La Coruña
Gijón
Santander
Guernica
San Sebastián

Santiago de Compostela · Lugo **ASTURIAS** · Oviedo **CANTABRIA**
Bilbao
PAÍS VASCO
Pamplona

ANDORRA

C. Finisterre **GALICIA**
León
Vitoria
NAVARRA
Jaca

Pontevedra
Burgos
Logroño
Huesca
Figueras

Vigo · Orense
Astorga
Palencia
LA RIOJA
Zaragoza
Gerona

Miño
Zamora
CASTILLA-LEÓN
Soria
CATALUÑA
Lérida

Oporto
Valladolid
Duero
Ebro
Tarragona
Barcelona

Douro
Medina del Campo
ARAGÓN
Tortosa

Salamanca
Segovia
Teruel

Coimbra
Ávila
Guadalajara
Menorca

PORTUGAL
MADRID · Alcalá de Henares
Cuenca
Castellón de la Plana
Mallorca

MADRID
Palma

C. da Roca
Talavera de la Reina
Aranjuez
Tajo
VALENCIA
ISLAS BALEARES

LISBOA
Toledo
CASTILLA-LA MANCHA
Valencia

Tejo
Cáceres
Júcar
Ibiza

EXTREMADURA
Alcázar de San Juan
Formentera

Évora
Mérida
Ciudad Real
Albacete

Guadiana
Segura
Alicante

Córdoba
Guadalquivir
Elche
Costa Blanca

Jaén
Murcia

MURCIA
Mar Mediterráneo

Huelva
ANDALUCÍA
Cartagena

Sevilla
Granada

Málaga · Mulhacén
Almería

Cádiz
Costa del Sol

Algeciras · Gibraltar

Estrecho de Gibraltar → Ceuta

Océano Atlántico
Melilla
ARGELIA

MARRUECOS

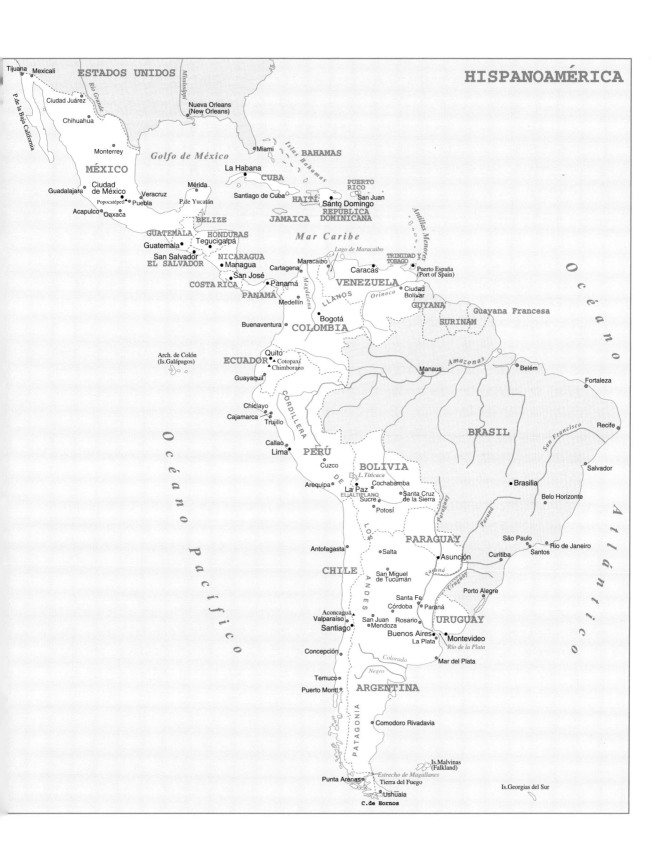

巻頭のごあいさつ

　スペイン語はカスティーリャ語とも呼ばれます。そのことからもわかるように、元はイベリア半島中央部のカスティーリャ地方の言語で、現在では世界の 21 の国々で公用語とされています。

　スペイン語が話されているのは、ラテンアメリカの多くの国々、そしてもちろんスペインです。（ただし、スペイン国内にはスペイン語以外の言語が話されている地域もあります。）また、アメリカ合衆国にもいわゆる「ヒスパニック」と呼ばれるスペイン語を話す人が多く住んでいますし、アジアやアフリカの一部にも、スペイン語が話されている地域、あるいはスペイン語の影響を受けた言語が残る地域があります。

　スペイン語は一般的に、中国語、英語、ヒンディー語に次ぐ世界で 4 番目に多くの人に話されている言語ともいわれています。母語話者数は実は英語より多く、中国語に次いで 2 番目という説もあります。

　話者の数や、話されている国の数が多いだけでなく、現在のヨーロッパ言語の祖先の一つのラテン語に近く、また日本語母語話者にとって発音がしやすく、言語として、「規則正しく整然」としている（上田『スペイン語文法ハンドブック』p. iii）と言われるなど、比較的学びやすく（それでももちろん習得するのは大変ですが！）、また学び甲斐のある言語でもあります。

　ペルーやアルゼンチンなど、日本からの移民が多く住んでいる国も多く（ブラジルはポルトガル語が公用語です）、またそれらの国で生まれた日系の人たちも、日本に多く住んでいます。この教科書を手に取ってくれた方の中には、「中学や高校に日系の友達がいた」という理由で、スペイン語に興味を持った方もいらっしゃると思います。

　また音楽や踊りの世界でも、サッカーや野球、テニスをはじめとスポーツの世界でも、スペイン語を母語とする世界的なスターがたくさんいます。そういう人たちの活躍を通して、スペイン語に興味を持ったという人もいるかもしれません。

　この教科書と付属の教材を通じて、そんなスペイン語を、わかりやすく、少しずつでも着実に、学んでいくためのお手伝いをしたいと思います。また、スペイン語を皆さんがすでにご存じの日本語や英語と比べることで、言語そのものに対する関心も養って、ことばについて考えるクセをつけてもらえたら、と思います。

　最後にタイトルについて、少しご説明します。"Mi casa es tu casa" というのは、渡辺が留学していたメキシコでよく聞かれるフレーズで、直訳すれば「私の家はあなたの家です」、つまり「自分の家だと思って、いつでも来て下さい」という意味です。そんなスペイン語圏の皆さんのホスピタリティに助けられながら、私たちはスペイン語を学び、研究をし、そして今スペイン語を教えています。学生の皆さんにも、そんな気持ちで授業に出てもらい、この教科書を使って楽しくスペイン語を学んでもらえたらいいな、と著者一同、考えている次第です。

2022 年初秋

著者代表　　渡辺　暁

本書の構成とねらい

本書は 4 ページずつ、24 の課からなっています。24 という数字はいろんな数で割りきれるので、1 年でひと通り文法を終えるという進度であれば大体毎週 1 課ずつのペースで、1 年半かけて文法を終えるという進度であれば半期に 8 課ずつ進めてもらえればいいかと思います。

もちろん、必修の初級の授業なので、半分くらいまで進めば十分、という使い方をして頂いてもいいよう、値段は他の教科書と同程度に抑えています。また、授業は途中で終わったけれど、この教科書でさらに勉強したいが、ご自分の大学には中級の授業がない、という方のために、著者による解説動画を用意する予定ですので、後半についてはそちらで自習する、という使い方もできるかと思います。

また、前の課の 4 ページ目と次の課の 1 ページ目が隣り合わせになるようになっていますので、そこを見て復習のための問題を解いたり、1 ページ目を見て予習し、授業では 2 ページ目と 3 ページ目を主に扱い、さらに 4 ページ目の問題も一部活用して頂く、といった流で使っていただくことを想定しています。

他の教科書と比較して特徴と言えるのは、以下の 4 つです。

① 説明をなるべく多めにし、予習や復習に取り組みやすくする。

② 問題や例文はなるべくやさしめにし、とっつきやすいものにする。

③ 歌の一部などを例文として取り上げ、文化に親しんでもらえるようにする。

そして、

④ 本教科書に連動したウェブサイトを作成し、易しい例文や解説では物足りない人や、さらに学びたい人たちのために、さらにすすんだ解説や応用問題、そして説明の動画、その他の教材を載せる。

ウェブサイトについては教科書の出版後も、少しずつ改訂を重ねていきたいと考えています。すぐにお答えできるかはわかりませんが、もしご質問があればお送り頂けるような、質問フォームや FAQ なども用意できればと考えています。

なおこの教科書は、私たちが授業を担当してきた、山梨大学と東京工業大学における授業の経験から生まれました。特に、2020 年から 2022 年前期までのコロナ禍における東工大での合同授業では、教員の側も文法の理解を深めようと、授業中も教員同士で「こう考えた方がいいんじゃないか？こう教えた方がわかりやすいんじゃないか？」などと議論をしながら、文法説明をしてきました。そうした私たち 5 人の経験、そして最初は必修だからと仕方なく受講しているかもしれない、スペイン語に対するモチベーションがそれほど高いわけではない学生の皆さんにも、自分なりの何かを学んでほしい、授業が実りある時間になってほしい、という願いが、この教科書のベースにあるのだと、お考えいただければと思います。

目次 ÍNDICE

便利な単語帳

LECCIÓN 1　¡Hola, buenos días! ¿Cómo estás? 1
1 母音の発音　**2** スペイン語の表記

LECCIÓN 2　Aquí hay una mesa. 5
1 子音の発音　**2** スペイン語の名詞
3 不定冠詞（ある）ひとつの　**4** 場所を表す副詞と存在を表す hay

LECCIÓN 3　La universidad está cerca del centro. 9
1 音節とアクセントのルール　**2** 定冠詞　**3** 動詞 estar

LECCIÓN 4　Yo soy Juan. 13
1 主語の代名詞　**2** 動詞 ser　**3** 形容詞

LECCIÓN 5　Estás alegre, ¿verdad? — Sí, y soy alegre también. 17
1 estar と ser の違いについて　**2** スペイン語の語順（平叙文・否定文・疑問文）

LECCIÓN 6　¿Tienes tiempo? — Sí, tengo tiempo. Ahora estoy libre. 21
1 動詞 tener　**2** 動詞 ir　**3** 前置詞　**4** 疑問詞

LECCIÓN 7　¿Tomas café? — Sí, tomo café. Gracias. 25
1 規則動詞　-ar 型の活用（変化）　**2** 所有形容詞その1（前置形）

LECCIÓN 8　¿Dónde vives? — Vivo cerca de la universidad. 29
1 規則動詞　-er・-ir 型の活用（変化）　**2** 指示形容詞・指示代名詞その1

LECCIÓN 9　Quiero comer unos tacos. 33
1 不規則動詞その1（語幹母音変化の3つのパターン）
2 所有形容詞その2（後置形）

LECCIÓN 10　¿De dónde vienes? — Vengo de la biblioteca. 37
1 不規則動詞その2　**2** 指示形容詞・指示代名詞その2（「あの」にあたる表現と
中性の指示代名詞）　**3** 関係詞その1

LECCIÓN 11　Ver es creer. 41
1 不定詞　**2** 現在分詞
3 比較：優等比較と劣等比較と最上級と同等比較と比較の不規則形

LECCIÓN 12　¿Cómo has estado? 45
1 過去分詞　**2** 現在完了形

LECCIÓN 13　¡Te queremos mucho! — 49
1 目的格代名詞その1（一人称と二人称の目的格代名詞）　　**2** 代名詞の前置詞格
3 人が目的語となるときの前置詞 a　　**4** 不定語と否定語

LECCIÓN 14　¿Quieres esta galleta? Yo te la paso. — 53
1 直接目的（対格）と間接目的（与格）　　**2** 直接目的格と間接目的格の代名詞
3 文の中に直接目的と間接目的の代名詞の両方が出てくる場合

LECCIÓN 15　Me gusta el té. — 57
1 gustar 型動詞　　**2** 関係詞その2

LECCIÓN 16　¿A qué hora te levantas? — Me levanto a las siete. — 61
1 再帰動詞の活用　　**2** 再帰動詞の様々な用法

LECCIÓN 17　¿Dónde estarán? — 65
1 未来形　　**2** 過去未来形その1

LECCIÓN 18　Que estés muy bien. — 69
1 スペイン語における3つの法（modo）　　**2** 命令法の基本（命令その1）
3 接続法の基本

LECCIÓN 19　Este libro es muy bueno. Léelo. Espero que te guste. — 73
1 接続法の不規則形　　**2** 接続法の用法その1　　**3** 命令表現（命令その2）

LECCIÓN 20　Ayer comí pozole. — 77
1 点過去形　　**2** 点過去形と現在完了形の比較　　**3** 感嘆文

LECCIÓN 21　Cuando era niña, iba muy seguido a ver a mis abuelos. — 81
1 線過去形　　**2** 点過去形の不規則形

LECCIÓN 22　Cuando trabajaba en la radio, conocí a Jorge. — 85
1 点過去と線過去の違いを理解する　　**2** 過去完了形　　**3** 過去未来形その2

LECCIÓN 23　Cuando tengas tiempo, vamos a ver la película. — 89
1 接続法現在のその他の用法その2　　**2** 接続法過去

LECCIÓN 24　Si pudiera, ella misma lo haría. Pero ella no puede. — 93
1 条件文　　**2** 非現実的願望文（¡Ojalá!を使って実現性の低い願望を表す）

巻末補遺　　**1** 便利なあいさつ・日常会話　　**2** 関係代名詞の独立用法ならびに
関係代名詞を前置詞とともに使う場合　　**3** 完了形 — 97

このページには、接続詞や前置詞、疑問詞、関係詞など、文を読んだりするときに便利な単語をあげました。英語とくらべた方がわかりやすい場合もあるかと思い、英語訳もつけてあります（一部をのぞく）。例えば接続詞や前置詞は重要性が高いだけに、辞書を引くと色々な意味があって、かえって混乱することがありますが、このページを参照すれば、すぐに読んでいた文の流れに戻れます。

1. 主格の人称代名詞 1-2

yo	I	私が
tú	you	君が
él	he	彼が
ella	she	彼女が
usted	—	
nosotros	we	私たちが
nosotras	we	私たち（女性）が
vosotros	you	君たちが
vosotras	you	君たち（女性）が
ellos	they	彼らが
ellas	they	彼女たちが
ustedes	—	

2. 目的格の人称代名詞（再帰含む） 1-3

me	me	私を／に
nos	us	私たちを／に
te	you	君を／に
os	you	君たちを／に
le	to him/her	彼（女）・それに
les		le の複数形
la	her/it	彼女・それを
las		la の複数形
lo	him/it	彼・それを
los		lo の複数形
se (1)	him/her/itself	彼（女）／それ自身に・を
se (2)	to him/her	(lo/laを伴い)彼・彼女に

3. 前置詞格の代名詞 1-4

mí		わたし（1人称単数）
ti		きみ・あなた（2人称単数）

（その他は、主格の代名詞と同じ）

4. 前置詞 1-5

a	to/at	に・へ
de	of/from	の・から
desde	from/since	から
en	in	で・の中で
hasta	to/toward	へ（むかって）
por	for/around/in	ために（原因）・あたりで(場所・時間)
para	for	ために・へ（目的：por+a）
sobre	on	（の上）で・について

5. 疑問詞 1-6

qué	what	何？
quién	who	誰？
dónde	where	どこ？
cuándo	when	いつ？
cómo	how	どんな？
cuál	which	どちらの？

6. 関係詞 1-7

que	that	先行詞は人・もの
quien	who	先行詞は人(独立用法＋前置詞との組合せのみ)
donde	where	先行詞は場所
cuando	when	時間（～のとき）
la/el que	who/which	人・もの（独立用法＋前置詞との組合せのみ）
lo que	what	すること／であること
la/el cual	who/which	人・もの

7. 接続詞と接続詞句 1-8

y	and	と
o	or	または
pero	but	しかし
aunque	although	しかしながら
como	as	なので
cuando	when	〜のとき
mientras	while	〜のあいだ
porque	because	なぜならば
que	that	〜ということ
si	if	もし
así que	so	なので
para que	so/that	するために
ya que	since	なぜならば

8. 前置詞句 1-9

por eso	so	だから
sin embargo	however	しかしながら
a pesar de	despite	にもかかわらず
en cuanto a	as for	については
por medio de	by means of	〜を通して
gracias a	thanks to	おかげで
en vez de	instead of	のかわりに
a cambio de	in return for	と交換で
a eso de	about	大体（○時頃）

9. スペイン語の数詞（100まで） 1-10

1	uno	11	once	30	treinta
2	dos	12	doce	40	cuarenta
3	tres	13	trece	50	cincuenta
4	cuatro	14	catorce	60	sesenta
5	cinco	15	quince	70	setenta
6	seis	16	dieciséis	80	ochenta
7	siete	17	diecisiete	90	noventa
8	ocho	18	dieciocho	100	cien (ciento)
9	nueve	19	diecinueve		
10	diez	20	veinte	0	cero

音声ダウンロード

音声再生アプリ「リスニング・トレーナー」（無料）

朝日出版社開発のアプリ、「リスニング・トレーナー（リストレ）」を使えば、教科書の音声をスマホ、タブレットに簡単にダウンロードできます。どうぞご活用ください。

まずは「リストレ」アプリをダウンロード

» App Store はこちら

» Google Play はこちら

アプリ【リスニング・トレーナー】の使い方
① アプリを開き、「**コンテンツを追加**」をタップ
② QRコードをカメラで読み込む

③ QRコードが読み取れない場合は、画面上部に　55135　を入力し
　「Done」をタップします。

QRコードは(株)デンソーウェーブの登録商標です

当テキスト特設サイト（Web ストリーミング音声及び Web 教材）

https://text.asahipress.com/free/spanish/micasa/

¡Hola, buenos días!
¿Cómo estás?

この課の内容

・スペイン語という言語について
・母音の発音
・独特の表記
・あいさつの表現

最初の課ではまず、スペイン語はどんなところで話されているかを紹介します。また、日本語母語話者に発音しやすい単語を声に出してみることを通して、スペイン語の音に慣れるとともに、母音の発音を学びます。さらに、いくつかのあいさつ表現を通して、動詞の活用や形容詞の語尾変化といった、スペイン語の特徴に触れます。今日のところは「ふーん、こんな変化があるんだ」と思って下されば、それで十分です。

スペイン語という言語について

・スペイン語（español）はカスティーリャ語（castellano）とも呼ばれる、イベリア半島中央部のカスティーリャ地方の言語を「スペインの言語」としたものです。

・古代ローマの言語だったラテン語に起源を持ち、大航海時代のコロンブスの新大陸「発見」に続く、スペイン王国のアメリカ大陸の植民地化を通して、世界の多くの国で話されるようになりました。

・現在ではラテンアメリカの国々を中心に、23 の国や地域で話されています。（公用語としている 21 ヶ国 + プエルトリコとアメリカ合衆国：地図で確認してみて下さい。）

・また、アメリカ合衆国でもヒスパニックと言われる、ラテンアメリカの国々からの移民や彼らの子どもたちを中心に、数千万単位の人がスペイン語を話します。

・日本にも 10 万人以上のスペイン語母語話者が住んでいるというデータがあります。

・音楽や踊りといった文化の世界、そしてスポーツの世界でも、多くのスペイン語圏出身のスターがいて、社会的にもさまざまな意味で影響力を持っている言語です。

Lección 1

Gramática	発音とつづり

1 母音の発音

1a a, e, i, o は、基本的に日本語の「あ・え・い・お」とほぼ同じ発音です。 1-11

a:	la	papa	patata	**Ana**
e:	me	**el**	tres	Pepe
i:	mi	isla	chica	Gabi
o:	dos	**ocho**	como	Paco

1b u も、最初は日本語の「う」と同じ、と思ってください。本当は（地域にもよりますが）日本語の「う」より、口をすぼめて突き出した感じ、と覚えておくといいと思います。 1-12

uno　　　cuna　　　Cuba　　　Lupe

2 スペイン語の表記

スペイン語には、英語にはない記号や文字がいくつかあります。

2a アクセント記号 1-13

á, é, í, ó, ú のように、母音の上にアクセント記号がつく場合があります。詳しい解説は第3課でしますが、とりあえずは、この記号があるところを（単語の中で）強く読む、と考えてください。

bebé　　　día　　　así　　　está　　　péndulo

2b ？マークと！マーク　1-14

英語では、？マークと！マークは疑問文や感嘆文の最後につくだけですが、スペイン語では、疑問文や感嘆文の最初にも、？マークと！マークを上下逆さにしたものをつけます。

¡Hola!　　　¡Mucho gusto!　　　¡Qué sorpresa!

¿Dónde?　　　¿Perdón?　　　¿Cómo estás?

2c Ñ 1-15

Ñ（エニェ）はスペイン語独特の字です。N の上に～という記号をつけます。発音は日本語のニャ行の音だと思ってください。スペイン語でスペインは España（エスパーニャ）、スペイン語は español（エスパニョール）といいます。スペイン人（男性）も同じく español です。

año   niña   añil   piña

豆知識
母音の三角形

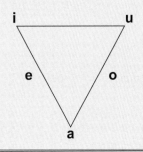

はじめまして。ナマケモノ先生です。
みなさんのスペイン語の疑問に答えていきます！

a は口を大きく開ける「アー」、i はと口を横に広げる感じで「イー」、u は口をすぼめて突き出しながら「ウー」という感じです。その 3 つを三角形の頂点として、o は a と u の中間、e は a と i の中間、と考えると、このあと出てくるいろいろな音の変化のルールがよく頭に入ってきます。

練習：「アー」と口を開けた状態から「イー」あるいは「ウー」の口の形へと声を出しながら口の形を変えていくと、その途中で音が連続的に変化していく様子がわかります。
ぜひ試してみてください。

```
        i        u



        e        o



             a
```

Saludos 1-16

¡Hola!   ¡Buenos días!   ¡Buenas tardes!   ¡Buenas noches!

A: ¡Hola, mucho gusto!

B: ¡Mucho gusto, igualmente!

A: ¡Hola! ¿Cómo estás?

B: Estoy bien, ¡gracias! ¿Y tú?

A: Bien, también. ¡Gracias!

A: Encantado. Mi nombre es Paco. Y tú, ¿cómo te llamas?

B: Me llamo Irene. Encantada.

Lección 1

Mesera (ウェイトレス)：	¡Buenos días, señorita!
Mari (お客)：	Buenos días. Un chocolate, por favor.
Mesera：	Sí, en un segundo.

背景：メキシコシティにあるホットチョコレート屋 El Moro をイメージした会話練習です。chocolate だけ言えれば、ホットチョコレートは頼めますが、buenos días というあいさつ、1 杯を意味する un、そして「お願いします」にあたる por favor も忘れずに言えるようになりましょう。

Ejercicios

1. ローマ字読みに近い、そして短い単語を集めました。声に出して言ってみましょう。（ヒント＝2 つの母音のうち、前の方を強めに発音するのがコツです。） 1-18

mano	cara	pino	nada	pera
papa	pelo	cuna	Isa (Isabel)	Toño (Antonio)

2. もう少し長いフレーズを用意しました。声に出して言ってみましょう。単語を一個ずつ練習したあと、左から右につなげてよむと、よくあるフレーズになっています。（読み方のヒント：tomate, nogada など、3 つの母音がある単語は、後ろから 2 番目を強く発音する、あるいは少し長めに読むと、それらしく聞こえます。また、café のようにアクセント記号がある単語は、その部分を強く発音しましょう。ch はチャ行で発音して下さい。） 1-9

poco	a	poco
café	con	leche
pan	con	tomate
chile	en	nogada

3. 「さようなら」にあたる表現など、お別れの表現を集めました。授業の最後に大きな声で言ってみましょう！ 1-20

Adiós.	Hasta luego.	Hasta pronto.
¡Hasta mañana!	¡Hasta la próxima semana!	

4

Lección 2

Aquí hay una mesa.

この課の内容

・子音の発音
・スペイン語の名詞
・不定冠詞
・場所を表す副詞と存在を表す hay

この課ではスペイン語の子音を一通り紹介します。また、「ある・いる」を意味する hay という表現を、aquí, ahí（ここ、そこ）など場所を表す表現や、不定冠詞（英語の a/an）とともに学びます。さっそく簡単な文を作れるようになるので、モチベーションを上げてもらえるかと思います。

● この課で学ぶ主な表現 1-21

Una casa,   dos casas,   tres casas,   cuatro casas;

Un edificio,   dos edificios,   tres edificios,   cuatro edificios;

Aquí hay una casa.   Ahí hay dos casas.   Allí hay tres casas.

Aquí hay un edificio.   Ahí hay dos edificios.   Allí hay tres edificios.

Lección 2

Gramática	子音の発音、不定冠詞、hay

1 子音の発音

1a ローマ字に近いもの（ただし、v は b と同じ発音） 1-22

b, d, f, l, m, n, p, s, t, v

banda   familia   pan   santo   televisión

verbo   deberes   estable   día   león

1b 注意が必要な子音

1b-1 スペイン語独特の子音 Ñ 1-23

España niña / niño añil

1b-2 発音がローマ字および英語とかなり違うもの 1-24

h: ¡Hola!   helado
j: Japón   ajo
r: tendero   libro (*ramo など語頭の r は rr と同じ発音)
z: zapato   zumo

1b-3 つづりに特に注意すべきもの（後ろに来る母音によって発音がかわる子音）

 1-25

c: casa   Cusco   cerca   bicicleta
g: gato   jugo   guisado   cigüeña
         generoso   jengibre
q: queso   química   Quique

1b-4 2つ以上の文字を組み合わせて作る子音 1-26

ch: chaqueta   chicha   chocolate
ll: llave   orgullo   lluvia
rr: guerra   guerrilla rico   ropa

1b-5 **y:**   ya   y   1-27

1b-6 スペイン語では本来使われないもの（外来語などに使う） 1-28

k: Kenya   Tokio
w: Kuwait

2 スペイン語の名詞

スペイン語の名詞は、男性名詞と女性名詞があります。多くの場合、-a でおわる名詞
は女性名詞、-o でおわる名詞は男性名詞です。

女性：niña 　　señora 　　　mujer
男性：niño 　　señor 　　　hombre

自然の性に関係なくても、単語は女性名詞か男性名詞に区分されます。

libro 　　mesa

単数と複数の区別があり、複数形は-s または-es をつけます。

niña → niñas 　　niño → niños 　　señor → señores 　　hotel → hoteles

3 不定冠詞（ある）ひとつの

男性名詞に付く場合	女性名詞に付く場合
un	una

数字の 1 は uno

un libro 　　un niño 　　una mesa 　　una niña

参考：unos / unas = いくつかの／何人かの
　　　　⇒ unas mesas = いくつかのテーブル；unos niños = 何人かの子供たち

4 場所を表す副詞と存在を表す hay

ここ	そこ	あそこ	ある・いる
aquí	ahí	allí	hay

Aquí hay una mesa. 　　　Aquí hay un libro.

Ahí hay dos mesas. 　　　Ahí hay dos libros.

Allí hay tres mesas. 　　　Allí hay tres libros.

hay は一語、で「ある・いる」を表します。

Lección 2

  1-32

カフェでの会話その 2 （今回はチュロスを頼みます）

Mesera:	Hola, Mari. ¡Buenas tardes!
Mari:	Buenas tardes, doña Felipa. Unos churros, por favor.
Mesera:	¿Para llevar o para comer aquí?
Mari:	Para comer aquí.
Mesera:	Muy bien, entonces ahí hay una mesa. ¿Y de tomar?
Mari:	Un café con leche, por favor.
Mesera:	Muy bien, Mari. ¡Enseguida!
Mari:	Gracias, doña Felipa.

背景：前回はマリさんにとって初めての Chocolatería El Moro でしたが、何回か通ううちにメセラ（ウェイトレス）のドニャ・フェリパさんと名前で呼び合うようになりました。スペイン語は文法的にはまだまだシンプルですが、色々な表現を交えて楽しくやりとりしています。さらに上達していくマリさんとドニャ・フェリパさんの会話、Web に上げておきますので、学習の進み具合に合わせて練習にお使い下さい。

Ejercicios

1. hay を使って以下の日本語をスペイン語にしましょう。

1) ここに 2 本のペン（plumas）があります。

2) あそこに 1 つの銀行（un banco）があります。

3) そこに 3 つのパソコン（computadoras*）があります。

4) ここに 1 つの冷蔵庫（un refrigerador*）があります。

5) そこに 2 つの学校（escuelas）があります。

2. 1. の解答を複数のものは un / una をつけて単数形に、単数のものは unos / unas をつけて複数形にしましょう。

*注：パソコンや冷蔵庫という単語は、国によって言い方が違います。computadora はラテンアメリカ諸国で使われる言い方ですが、スペインでは ordenador（男性名詞）といいます。また、refrigerador もラテンアメリカでよく使われる言い方で、スペインでは nevera（女性名詞：la nieve ＝雪から来た単語）といいます。

Lección 3

La universidad está cerca del centro.

この課の内容

・音節とアクセントのルール
・定冠詞
・動詞 estar

第3課では、発音の総仕上げとして、音節の数え方とアクセントのルールを学びます。これで発音のルールを一通り理解してもらったことになりますが、なかなかそれだけでは実際の運用は難しいと思うので、少しずつ慣れていってくれればいいと思います。

この課ではまた、estar という動詞を覚えてもらいます。意味は、現時点では英語の be 動詞と同じ、だと思っていて下さい。主語によって変化するので、その変化もあわせて覚えましょう。

それに加えて、前の課に出てきた不定冠詞に続き、定冠詞の形と意味を学びます。

● この課で学ぶ主な表現　¹⁻³³

¿Cómo estás?　— Estoy muy bien, ¡gracias!

La universidad está cerca del centro.

Juana está en la facultad de ingeniería.

José está en la facultad de derecho.

Lección 3

Gramática | 発音その３：音節とアクセント、動詞 estar、主語の代名詞、定冠詞

1 音節とアクセントのルール

1a 単独で出てくる母音は、一つの音節を作ります。

例：casa, libro は 2 音節、minuto, mercado は 3 音節

1b 二重母音：母音が 2 つ重なる場合は、それらの母音が開母音（強い母音）か閉母音（弱い母音）かによって事情が違います。 🎧 1-34

1b-1 開母音＋閉母音＝開母音を主とする二重母音（一音節）

agua　　　cuenta　　　suave　　　Italia

1b-2 閉母音＋閉母音＝後ろの母音を主とする二重母音（一音節）

ciudad　　　cuidar

1b-3 開母音＋開母音＝それぞれ独立の母音（二音節）

idea　　　oasis　　　Corea

> 開母音（口を比較的大きく開く母音）＝a, e o
> 閉母音（口を開かず発音する母音）＝u, i

以上が一般的な説明ですが、これらをまとめて、<u>二つの母音のうち、閉母音のｉかｕが含まれている場合は「二重母音」となる</u>、と考えると覚えやすいと思います。二重母音のルールは、単語のその部分を正しく発音するためだけでなく、単語のアクセントがどこにあるかを理解するために必要です。

1c 三重母音：二重母音にさらに閉母音がつくことで、三重母音となる場合があります。 🎧 1-35

Uruguay　　　Paraguay　　　estudiáis

1d アクセントの位置 🎧 1-36

1d-1 母音で終わる単語、そして子音の -s と-n で終わる単語は、後ろから二番目にアクセントが来ます。これが一番多いパターンですので、「標準は後ろから二番目」と覚えましょう。

casa　　　mesa　　　piedra　　　supermercado

1d-2 母音と-s と-n 以外の子音で終わる単語は、最後の音節にアクセントがあります。

rapidez　　　universidad　　　estar　　　Uruguay

1d-3 **1d-1** と **1d-2** の 2 つにあてはまらない場所にアクセントが来る場合は、アクセント記号をつけてそのことを示します。その部分を強く発音しましょう。

México　　　visión　　　lápiz

2 定冠詞

英語は the 一つですが、スペイン語には 4 通りの形があります。どんな名詞につくか（男性名詞か女性名詞か、単数か複数か）によって形が変わります。

	男性	女性
単数	el	la
複数	los	las

定冠詞は日本語の「あの」だと考えるとわかりやすいです。A さんが「あの〇〇だよ」と言ったときに、B さんが「わかった。あの〇〇のことだね」とわかるような、お互いに共通の理解がある名詞につきます。例えば「〇〇で待ち合わせましょう」と言って、定冠詞を使って場所を表現するとしたら、以下のような訳し方が考えられます。

La universidad = ウチの（自分たちが通う）大学   el bar = いつもの（なじみの）バル

3 動詞 estar

3a 主語によって形が変化します。この変化のことを「活用」と呼びます。実際の文章や会話の中で使うときは、必ず動詞は「活用」するので、この変化を少しずつ覚えていって下さい。

	単数	対応する形	複数	対応する形
一人称	私	estoy	私たち	estamos
二人称	君	estás	君たち	estáis
三人称	彼・彼女	está	彼（女）たち	están

3b 意味はとりあえず、英語の be 動詞だと思っておいてください。「いる」「ある」そして形容詞と主語をつないで「〇〇である」という意味で使います。（最後の用法については第 5 課で詳しく説明します）
1-37

Estamos en la biblioteca.   Carlos está en el comedor.
¿Dónde estás? — Estoy en el edificio central.

Lección 3

1-38

下線部に場所を表す単語を入れて、練習しましょう。(音声ファイルでは、それぞれ casa, la universidad, la oficina という単語が入っています)

A: ¿Dónde estás?　　　　　**B:** Estoy en _____.

A: ¿Dónde estáis?　　　　　**B:** Estamos en _____.

A: ¿Dónde está María?　　　**B:** María está en _____.

Ejercicios

1. 国・地域の名前やその形容詞を発音してみましょう。日本語での呼び方の違いに気をつけて下さい。
1-39

España　　　español　　　española　　　Japón　　　japonés　　　japonesa

Argentina　　　Honduras　　　Nicaragua　　　Bolivia

Colombia　　　Venezuela　　　Chile　　　Costa Rica

Puerto Rico　　　Ecuador　　　Perú　　　Guatemala　　　Cuba

Nicaragua　　　El Salvador　　　Panamá　　　República Dominicana

2. ここに挙げたのは、アクセント記号があるものとないもの、両方意味がある単語です。違いを意識しながら発音しましょう。
1-40

esta　　　está　　　seria　　　sería　　　secretaria　　　secretaría

3. 動詞 estar を主語に合わせて活用させて、( ) 内に入れましょう。

1) (私　　　　　　　　　) en la cafetería.

2) María (マリア (彼女)　　　　　　　　　　　　) en la librería.

3) ¿(君　　　　　　　　　) en la biblioteca?

　　— Sí, (　　　　　　　　　) en la biblioteca.

4) ¿(君たち　　　　　　　　　) en el salón 101?

　　— Sí, (　　　　　　　　　) en el salón 101.

4

Yo soy Juan.

この課の内容

・主語の代名詞
・動詞 ser
・形容詞

この課では 3 つ大事なことを学びます。

まず主語の代名詞です。英語に似ているところもあれば、違うところもあります。特に違うところに注意して、覚えていってもらえたらと思います。

続いて、スペイン語の二番目の動詞として、ser を学びます。estar について学んだときに「とりあえず be だと思ってください」と説明しましたが、この ser も英語でいう be です。

つまり「スペイン語には英語の be にあたる動詞が二つある」のですが、もちろんこの二つは意味が違い、使う場面も違います。

ここでは ser をどんなときに使うのかを例文を通して学び、次の課であらためて、estar と ser の違いを詳しく学ぶ準備をします。

最後にスペイン語の形容詞を学びます。スペイン語の形容詞は、第 3 課で学んだ定冠詞と同様、どんな名詞につくかによって形が変わります。その変化に少しずつ慣れていきましょう。

● この課で学ぶ主な表現 1-41

Mucho gusto. Yo soy Juan.　　　— Mucho gusto, igualmente. Soy Ana.

¿Tú eres estudiante?　　　　　　— Sí, soy estudiante.

El gato es muy tranquilo, ¿no?　— Sí, es muy tranquilo.

uno	dos	tres	cuatro	cinco
seis	siete	ocho	nueve	diez

Lección 4

| **Gramática** | 動詞serの活用、主語の代名詞、形容詞 |

1 主語の代名詞

	単数	対応する形	複数	対応する形
一人称	私	yo	私たち	nosotros, nosotras
二人称	君	tú	君たち	vosotros, vosotras
三人称	彼・彼女 あなた	él, ella, usted	彼(女)たち あなた方	ellos, ellas, ustedes

スペイン語の主語の代名詞については、いくつか注意すべき点があります。

1a 文中に主語がある必要はありません。英語では I という主語が必要ですが、たとえば estoy という動詞があれば、それだけで「私」が主語だということがわかるので、yo という必要はありません。

1b nosotros, vosotros には、女性形があります。女性だけのグループで「私たち」と言う場合は nosotras、女性だけのグループに対して「君たち」と話しかける場合は vosotras となります。

1c スペイン語では話し相手を表す代名詞が2つあります。「君」をあらわす tú と、丁寧な話し方をする場合、あるいはそれほど親しくない相手に話しかける時に使う usted です。（複数形は ustedes となります。）usted はもともと、vuestra merced という単語だったので、動詞の活用は三人称となります。

1d ラテンアメリカのスペイン語では「君たち」というときは、親しい相手でも ustedes を使います。したがって vosotros はほとんど使われません。

2 動詞 ser

1-42

	単数	対応する形	複数	対応する形
一人称	yo	soy	nosotros, nosotras	somos
二人称	tú	eres	vosotros, vosotras	sois
三人称	él, ella, usted	es	ellos, ellas, ustedes	son

ser は estar と同様、英語の be に近い動詞です。ただし、estar とはもちろん意味が違います。きちんとした意味の整理は次の課で行いますが、現時点では A=B のように主語を説明するのに使うとお考え下さい。

Somos estudiantes.   Ellos **son** maestros.

3 形容詞

スペイン語の形容詞は、前の課で習った定冠詞と同じように、どんな名詞につくかによって形が変化します。

3a 形容詞の位置

形容詞は一般的には名詞の後ろに付きますが、一部の形容詞（bueno や mucho など、よく使うものもあります）は、前に付きます。

3b 形容詞の形の変化 　1-43

3b-1 -o で終わる形容詞（sabroso, blanco, bueno, etc.）

-o で終わる形容詞が女性名詞につく場合は、語尾の母音が-a に変わること、そして複数形には-s がつくことに注意してください。

	男性	女性
単数	sabroso	sabrosa
複数	sabrosos	sabrosas

el café sabroso　　　　　　　　la tortilla sabrosa
los churros sabrosos　　　　　　las magdalenas sabrosas

3b-2 -o 以外の語尾を持つ形容詞（interesante, azul, verde, etc.）
複数形には -s あるいは -es（子音で終わる場合）がつきますが、名詞の性による語尾の形の変化はありません（例外：español / española など）。

	男性	女性
単数	azul	azul
複数	azules	azules

♫ el unicornio azul*　　　　　　📖 la casa verde (Vargas Llosa)
los ojos azules　　　　　　　　　las hojas verdes
El libro **es** interesante.　　　　Los exámenes **son** difíciles.

*「青いユニコーン」という例は、キューバの歌手 Silvio Rodríguez の歌のタイトルからもらいました（元は Mi unicornio azul）。
「緑の家」も、ペルーの作家バルガス＝ジョサの作品名です。この教科書では、歌や本そして映画から撮ったフレーズを例文としてご紹介し、スペイン語圏の文化にふれるきっかけにしてもらいたいと考えています。

Lección 4

A: ¿Eres estudiante?　　　B: Sí, soy estudiante.

A: ¿Sois estudiantes?　　　B: Sí, somos estudiantes.

A: ¿Tú eres Javier?　　　B: No, no soy Javier. Yo soy Jaime. Javier es él.

Ejercicios

1. 動詞 ser を主語に合わせて活用させましょう。

1) Yo (　　　　　　　) estudiante.

2) Felipa (　　　　　　　) mesera de la chocolatería.

3) ¿Tú (　　　　　) de España?

　　— Sí, (　　　　　) de España.

4) ¿Vosotras (　　　　　　) hermanas?

　　— Sí, (　　　　　　) hermanas.

（🎞 *Diarios de motocicleta* のセリフを一部改変）

2. 形容詞を名詞に合わせて変形させましょう。

1) la semana (　　　　pasado)　　2) el mes (　　　　pasado)

3) los gatos (　　　　blanco)　　4) la paloma (　　　　blanco)

5) la tarjeta (　　　　amarillo)　　6) los pájaros (　　　　amarillo)

7) (　　　　mucho) gusto　　8) (　　　　mucho) gracias

ヒント：定冠詞がついている名詞については、それを見れば、名詞の性や単数か複数かがわかります。また、7）と8）は挨拶表現の復習でもあります。なお、形を変えず、そのままにするのが正解の問題もありますので、ご注意下さい。

Lección 5

Estás alegre, ¿verdad?
— Sí, y soy alegre también.

この課の内容

・動詞 estar と ser の違い
・スペイン語の語順（平叙文／否定文／疑問文）

前の2つの課で見てきた estar と ser、どちらも「とりあえず be 動詞だと思ってください」と説明しましたが、もちろん意味は同じではありません。それではこの2つはどう違うのでしょうか。この課では、英語の be のいろいろな使い方のうち、どんなときに estar を使って表現し、どんなときに ser を使って表現するのか、つまりこの2つがそれぞれどういう意味なのかを、きちんと整理します。また課の後半では、スペイン語の語順について扱い、平叙文・否定文・疑問文のそれぞれについて、どのような語順が一般的なのかを説明します。

● この課で学ぶ主な表現 1-45

¿Estás alegre?　　— Sí, es verdad. Estoy alegre. Pero también soy alegre.

Ella no es nerviosa, pero ahora está nerviosa, porque hay un examen mañana temprano.

¿Dónde estás tú?　　　　　　— Estoy en el supermercado.

¿Estás cansado?　　　　　　— No, no estoy cansado.

¿Estás cansada?　　　　　　— No, no estoy cansada.

¿Estáis cansados?　　　　　— No, no estamos cansados.

¿Ellas están cansadas?　　　— No, no están cansadas.

Lección 5

Gramática	動詞 estar と ser の違い、スペイン語の語順（平叙文／否定文／疑問文）

1 estarとserの違いについて 1-46

1a 所在（場所）をあらわす場合：estar
「ある・いる」の意味で使われる動詞。

> ♫ **Estoy** aquí. (Shakira)　　El Museo Nacional **está** en el Parque de Ueno.
> ¿Dónde **están** ustedes?　—　¡**Estamos** en la cafetería!

1b 名詞が補語になる場合（A=B）：ser 1-47
名詞が補語になる場合、つまり「A（主語）は B（名詞）である」という場合は、必ず ser を使います。

> Ustedes **son** estudiantes.　　　Nosotros **somos** maestros.
> Carlos **es** ingeniero.　　　♫ *La vida es un carnaval* (Celia Cruz)

1c 形容詞を使って主語を説明する場合（状態なら estar；性質なら ser）
主語の状態を表すときは estar、主語の性質を表す場合は ser を使います。

> **1c-1** 主語の状態を表すのは estar 1-48
>
> ¿Cómo **estás**?　—　**Estoy** muy bien, ¡gracias!
> El museo **está** lleno de gente.　　La exposición **está** llena de gente.
> La niña **está** muy alegre.　¿**Estás** bien? — Bueno, **estoy** un poco triste.
>
> **1c-2** 主語の性質を表すのは ser 1-49
>
> El libro **es** interesante.　　La casa **es** grande.　　Ella **es** inteligente.
> Ella **es** muy simpática.　　Los amigos **son** alegres.

基本的には「状態」か「性質」かを考えれば、どちらを使うべきかがわかりますが、そう単純に行かないものもあります。より詳しくは、この課の最後の「豆知識」をお読み下さい。

2 スペイン語の語順（平叙文・否定文・疑問文）

スペイン語は英語に比べると語順が「柔軟」です。柔軟というのは、語順が多少前後しても文法的に間違いではない、ということです。（その代わり微妙なニュアンスの違いは出てきます。）ただし、こういうところは必ず守らなければいけない、という語順についてのルールも、もちろんあります。初学者のうちからすべてをマスターする必要はないので、「必ず守るべきルール」を中心に、様々な例文に親しんで、少しずつスペイン語に慣れていってください。

2a 英語と違い、主語は必ずしも文中に出てきません。 `1-50`

Soy estudiante. でも Yo soy estudiante. でも通じます。(yo があるかないかで多少意味の違いはありますが、今はまだわからなくても大丈夫です。)

2b 主語が文中に出てくる場合、「主語＋述語＋補語・目的語」という語順が一般的です。(ただし述語と主語の順番が入れ替わることも、そして目的語が前に来ることもあります。) `1-51`

Ella está en casa.

2c 否定文は、否定を意味する no を述語（動詞）の前につけます。これは守らなければいけないルールなので、注意しましょう。(英語の「be 動詞以外の場合は do not ＋動詞」というルールに比べれば、no さえつければいいというのはわかりやすいと思います。) `1-52`

Ella no está en casa.

2d 疑問文は、疑問詞を使う場合とそうでない場合にわかれます。

2d-1 第 1 課に出てきた¿Cómo estás?（cómo = how）や、第 3 課に出てきた ¿Dónde está?（dónde = where）のような、疑問詞を使った疑問文では、語順がきちんと限定されます。「疑問詞＋動詞＋主語（ただし主語は省略可）」の順番となるので、注意してください。 `1-53`

¿Cómo estás tú?　　　（¿Cómo estás?）　　　¿Dónde está la biblioteca?

×¿Cómo tú estás? あるいは ¿Dónde la biblioteca está? とは言わない

2d-2 疑問詞を使わない疑問文は、平叙文と同じ「主語＋述語」の順でも、それをひっくり返した「述語＋主語」の順番でも、どちらでも OK です。(英語の do/does にあたるものはなく、述語をそのまま使えば OK です。) `1-54`

¿Ella está en casa?　　　　¿Está ella en casa?

¿Está usted contento?　　　¿Usted está contento? どちらも OK

¿Eres Victoria? ── No, yo soy Vanessa. Ella es Victoria.

Lección 5

1. ser か estar のどちらか適当なものを、主語にあわせて（　　）内に書きましょう。

1)　Nosotros (　　　　　　　) estudiantes.

2)　Yo (　　　　　　) en la universidad.

3)　Tokio (　　　　　　) la capital de Japón.

4)　Ellos (　　　　　　　) muy contentos.（**ヒント**：contento = satisfied － 満足している）

5)　¿Vosotros (　　　　　　　) de Japón?

6)　¿Tú (　　　　　　　) alegre ahora?（**ヒント**：ahora = now － 今）

7)　Haruka y yo (　　　　　　　) buenas amigas.

8)　¿Tú y Ayumi (　　　　　　　) en la cafetería?

9)　Sonia y Rocío (　　　　　　　) simpáticas.

10)　¿Tú (　　　　　　) mal? — No, (　　　　　　　) muy bien.

11)　¿Tú (　　　　　　) una persona nerviosa?

　　— No, normalmente yo no (　　　　　　　) nerviosa, pero ahora sí (　　　　　　) un

　　poco nerviosa.

12)　Nosotros no (　　　　　　) de Tokio.

　　Hiroki (　　　　　　) de Osaka y yo (　　　　　　　) de Nagoya.

豆知識

ser と estar についてもう少し詳しく

1. ser と estar という動詞は英語の be とは全く似ていませんし、語源も別なのですが、これらの動詞に似た、あるいは関連する英語の単語はあります。ser は、essence（本質）などと関連していますし、estar の方は、stay や stand とつながっています。そう考えると、性質と所在・状態という ser と estar の違いがわかりやすくなると思います。

2. そうはいっても、ser と estar の違いは難しいです。例えば、happy にあたる feliz はどちらと組み合わせるでしょうか。happy は状態だから estar かな、と思うと、ser feliz という言い方もよく見られます（というか、そちらの方がよく使われるようです）。幸せというのは「一時的に感じるものではない」という意味合いだと考えることができるでしょう。

3. また、ser と estar の両方と組み合わせて使われ、それぞれ意味が異なる形容詞もあります。例えば、guapa/guapo は、ser と使うと「美しい・かっこいい」という意味、estar と使うと「おしゃれしていてすてきだ」という意味になります。また、英語の married にあたる casada/casado は、その人の状態であるという意味で、estar casada/o ということが多いのですが、プロフィールなどで「既婚である」ことをあらわす場合は、その人の性質と言うことで、ser を用います。さらには、lista/listo のように、ser とともに使うと「賢い」、estar とともに使うと、準備ができている（英語の ready）、という意味になります。このように ser と estar の使い分けは難しいので、実際にどう使われているかをよく観察しながら、慣れていくといいと思います。（そして間違えても気にしない、という気持ちが大事です！）

¿Tienes tiempo?
— Sí, tengo tiempo.
Ahora estoy libre.

この課の内容

・動詞 tener の活用と用法
・動詞 ir の活用と用法
・基本の前置詞 (de, a, en, con, por, para, sobre, entre…)
・疑問詞の使い方 (qué, cómo, cuánto, dónde, cuándo)

この課では estar と ser に続いて、tener と ir という二つの動詞を学びます。tener は「持つ」という意味の、ir は「行く」という意味の、いずれもとても重要な動詞です。そして、他の語句と組み合わせてさまざまな表現を作ることができる、とても便利な動詞でもあります。後半では、これまでいくつも出てきたのにきちんと解説してこなかった、前置詞と疑問詞についてまとめておきます。

● この課で学ぶ主な表現 1-55

¿Ustedes tienen tiempo?   — Sí, tenemos tiempo. / No, tenemos prisa.

¿A qué hora tienes clase?   — Tengo clase a las nueve.

¿Cuántos años tienes tú?   — Tengo diecinueve años.

Voy al banco porque no tengo mucho dinero.

A: ¿Ustedes tienen hambre?

B: Sí, yo tengo mucha hambre.

C: No, yo no tengo hambre pero tengo sed.

A: Entonces vamos a la cafetería. Ahí hay comida y bebida.

Lección 6

| **Gramática** | 動詞 tener と ir の活用と用法、基本の前置詞、疑問詞の使い方 |

1 動詞 tener

1a tener は「持つ」という意味です。また、主語によって以下のように変化します。 1-56

	単数	対応する形	複数	対応する形
一人称	yo	tengo	nosotros, -as	tenemos
二人称	tú	tienes	vosotros, -as	tenéis
三人称	él, ella, usted	tiene	ellos, ellas, ustedes	tienen

Tengo muchos amigos mexicanos.　　　Nosotros no **tenemos** mucho dinero.

¿**Tienes** problema?　— No, no **tengo** problema. ¡Gracias!

1b tener を使った様々な表現 1-57

tener hambre　おなかがすいている　　　　¿**Tienes** hambre?　— Sí, tengo hambre.

tener sed　のどがかわいている　　　　　　¿**Tiene** usted sed?　— No, no tengo sed.

tener prisa　急いでいる　　　　　　　　　¿**Tienen** ustedes prisa?

tener tiempo　時間がある　　　　　　　　　— No, **tenemos** tiempo.

tener XX años　XX 歳です。　¿Cuántos años **tienes**?　— **Tengo** diecinueve años.

Tenemos que tener mucho cuidado.

(tener que = have to; tener cuidado = take care)

2 動詞 ir 1-58

2a ir は「行く」という意味です。また、主語によって以下のように変化します。原形と活用形が全く違いますが、活用自体は覚えやすいと思います。

	単数	対応する形	複数	対応する形
一人称	yo	voy	nosotros, -as	vamos
二人称	tú	vas	vosotros, -as	vais
三人称	él, ella, usted	va	ellos, ellas, ustedes	van

¿A dónde **vas**?　— **Voy** a la cafetería.　　　¡**Vamos** al comedor! (al = a + el)

2b ir を助動詞的に使った表現：ir という動詞は、前置詞 a と組み合わせて、英語の be going to のように、未来をあらわすことができます。

Vamos a estar en el comedor.　　　　**Vas a** tener que tener mucho cuidado.

1-59

3a レベル１）まずはこれを覚えないとはじまらない、よく出てくる前置詞

de	**a**	**en**	**con**
of + from	to + at	in (on, at)	with

Soy **de** Mérida, Yucatán, México.

La universidad **de** Yamanashi está **al** norte **de** Kofu.

El museo **del** Prado está en Madrid.　　　José y María están **con** Jesús.

3b レベル２）それを覚えたらこちらも。上の４つもそうですが、色々な意味で使われるので、出てきたときに「こんな使い方をするんだ」と覚えましょう。

1-60

por	**para**	**sobre**	**entre**
for	for (por + para)	on	between

Estoy agotado **por** el calor.　　　El tren es **para** Tokio.

El libro está **sobre** la mesa.　　　Kawasaki está **entre** Yokohama y Tokio.

4 疑問詞

1-61

ここでは基本的な疑問詞をおさえていきます。もちろんほかにもいろいろありますが、これまでに出てきた挨拶表現などで使う疑問詞をはじめ、よく使われる疑問詞を、対応する英語といっしょにまとめておきます。

4a qué（what）

¿**Qué** es esto? —Esto es un templo.

¿**Qué** tipo de libros tienes tú? — Tengo muchas novelas.

4b cómo（how）

¿**Cómo** está la familia? — Está muy bien, gracias.

4c cuánto（how many / how much）

¿**Cuánto** es? — 10 euros.

¿**Cuántas** clases tienes tú? — Tengo diez clases este semestre.

4d dónde（where）

¿**Dónde** está el Museo de Antropología? — Está en el parque de Chapultepec.

4e cuándo（when）

¿**Cuándo** tienes tiempo libre? — Tengo tiempo libre el viernes.

Lección 6

A: ¡Hola! ¿Qué fruta tiene hoy?

B: Hoy tengo sandías, duraznos y mangos. También tengo naranjas como siempre.

A: Entonces, una sandía entera y dos kilos de mango, por favor.

B: ¡Muy bien, amiga/amigo! Aquí tiene.

Ejercicios

1. 主語に合わせて動詞 tener を活用させましょう。

1) ¿Tú (　　　　　) el libro?　　　　— No, no (　　　　　) el libro.

2) ¿Vosotros (　　　　　) hambre?　— Sí, (　　　　　) mucha hambre.

3) ¿Usted (　　　　　) el libro?　　— No, no (　　　　　) el libro.

4) ¿Ustedes (　　　　　) problema?　— Sí, (　　　　　) un pequeño problema.

2. 右の意味になるよう、tener とある単語を組み合わせてフレーズを作りましょう。

1) tener　　(　　　　　　　　　　　　　　)　　おなかがすいた

2) tener　　(　　　　　　　　　　　　　　)　　喉が渇いた

3) tener　　(　　　　　　　　　　　　　　)　　19 歳です

3. 次の単語と tener を組み合わせた場合、どんな意味になるか、考えましょう。

● 例　　　　fe = 信仰　　→　　tener fe = 信じる

1) paciencia　辛抱強さ　→　　tener paciencia = (　　　　　　　　　　)

2) suerte　幸運　　　　→　　tener suerte = (　　　　　　　　)

3) respeto　敬意　　　　→　　tener respeto = (　　　　　　　　)

4) razón　理性・理由　　→　　tener razón = (　　　　　　　　　)

豆知識

他にもたくさんの前置詞 (句) があります。覚えられる人はこんなものも覚えましょう。

sin	**desde**	**hasta**	**hacia**	**antes de**	**después de**
without	from/since	to/until	toward	before	after

Lección 7

¿Tomas café?
— Sí, tomo café. Gracias.

この課の内容

・規則動詞 -ar型の活用（変化）
・所有形容詞その1（前置形）

この課と次の課ではスペイン語の規則動詞を学びます。まず第7課では、-ar で終わる動詞を勉強します。規則動詞の活用を学ぶことで、スペイン語の多くの動詞が使えるようになりますが、これで皆さんはまた一歩、スペイン語を使うための大事な一歩を踏み出すことになります。またこれに加えて、英語の my や your にあたる、所有形容詞についても学びます。

● この課で学ぶ主な表現 1-63

¿Qué bebida tomas?

— Tomo café, normalmente con leche. / Yo tomo té caliente.

¿Qué tipo de música escuchas?

— Escucho de todo, pero últimamente escucho canciones en español.

¿Qué cantas en el karaoke?

— Canto canciones en español. Es muy bueno para estudiar español.

Lección 7

Gramática	ar動詞、所有形容詞その1（前置形）

1　規則動詞　-ar型の活用（変化） 1-64

1a　動詞 estudiar の変化

	単数		複数	
一人称	yo	**estudio**	nosotros	**estudiamos**
二人称	tú	**estudias**	vosotros	**estudiáis**
三人称	él / ella / usted	**estudia**	ellos / ellas / ustedes	**estudian**

estudiar（勉強する）という動詞は、主語によって表のように変化します。よく見ると、estudi- までは変化していない、ということがわかります。この変化しない部分を「語幹」、主語によって変化する語尾を「活用語尾」といいます。

¿Qué **estudias**? — **Estudio** ciencias / ingeniería / literatura / medicina.
¿Dónde **estudian** ustedes? — **Estudiamos** en la universidad autónoma.

1b　-ar 型規則動詞 1-65

不定詞（原形）が -ar で終わる動詞は他にもたくさんあり、その多くが estudiar と同じような変化をします。不定詞の語尾の -ar をとった部分が語幹です。それに、estudiar の活用と同じ、-o, -as, -a ... という活用語尾をつければ活用形が作れます。

¿**Tomas** un café o un té? — Gracias. **Tomo** un café.

¿Qué idioma **hablan** ustedes?
— **Hablamos** japonés y un poco de inglés. También, **estudiamos** español.

その他の動詞：
tomar　とる・飲むなど（英語の to take）　　hablar　話す　　cantar　歌う

豆知識

　これを覚えれば、スペイン語の動詞が使えるようになりますか？

-ar で終わる動詞はスペイン語の動詞の 8 割とも言われます（次の課で学ぶ -er/-ir 型の動詞はそれぞれ 1 割ずつ程度）。ですので、この形を覚えることで、皆さんはかなりの数の動詞を使えるようになりますが、これが全てではありません。また、新しい動詞を作るときにも語尾に -ar をつけます。以下にいくつか新語の例を挙げておくので、どんな意味か考えてみて下さい。（日本語だと「タピる」みたいな感じでしょうか？）

tuitear　　　instagramear　　　gambatear

2 所有形容詞その1（前置形）

1-66

スペイン語の所有形容詞、実は二種類あるのですが、ここではまずよく使われる前置詞
形と呼ばれる形を覚えてもらいます。

	単数	複数
一人称	mi	nuestro / nuestra
二人称	tu	vuestro / vuestra
三人称	su	su

2a ここで紹介する所有形容詞は前置形と言って、名詞の前に置くものです。

mi amigo　　　　**tu** casa　　　　**su** universidad　　　　**nuestro** padre

2b 複数形の名詞につくときは、形容詞にも-s がついて複数形になります。

mis amigos　　　　**tus** libros　　　　**sus** padres　　　　**vuestros** cursos

2c nuestro と vuestro が女性名詞につくときは、nuestra と vuestra のように女
性形になります。

nuestros amigos　　　　**nuestras** amigas　　　　**vuestra** universidad

---

豆知識

1. 所有形容詞の女性形について

 所有形容詞には男性形と女性形があるけど、女性が話す場合は常に女性形を使うんですか？

 この「男性形・女性形」というのは、あくまでその所有形容詞が<u>どんな名詞につくか</u>、によって決まりま
す。<u>女性名詞につくのであれば女性形になりますが、それは持ち主が男性でも女性でも同じです</u>。たとえ
ば casa は女性名詞ですから、私たちの家＝nuestra casa となります。これは「私たち」が女性でも、男性でも
かわりません。また、建物というのは男性名詞ですから、所有者の「私たち」が女性であっても、私たちの建物＝
nuestro edificio となります。ご注意下さい。

2. なぜ三人称は全部 su なのか

なぜ 3 人称は全部 su なんですか？

ここまでスペイン語を学んできて、例えば定冠詞でいえば、英語は the しかないのにスペイン語は 4 つ
の形があったり、「私たち」や「君たち」にも女性だけの形（nosotras/vosotras）があったりと、スペイ
ン語の方がややこしかったのに、三人称の所有形容詞は、スペイン語では単数も複数も su/sus で表され、his,
her, its, their の 4 つがある英語より、大分単純です。
その理由は、スペイン語の元となっているラテン語にまでさかのぼるとよくわかります。この su という単語は、
「自分自身の」をあらわすラテン語の単語が元になっているのです。つまり 3 人称では、「その人（たち）自身の」
というふうに言っているので、形がすべて同じになっているのです。「全部一緒でかえって不便では？」と思う
方もいらっしゃるでしょうが、ふつうは話の流れ（文脈）で誰のことだかわかりますし、わかりにくい場合は、
la pluma de Sara（サラさんのペン）のように固有名詞を出すので問題はありません。

Lección 7

A: ¿Qué tomas?

B: Tomo un jugo de naranja / una coca cola / un refresco / un vaso de agua...

A: ¿Tomas café?

B: Sí, tomo café. / No, no tomo café. Sólo tomo té.

A: ¿Qué idioma estudias?

B: Estudio inglés y español.

A: ¿Estás en tu casa?

B: Sí, estoy en mi casa. / No, no estoy en mi casa.

A: ¿Visitáis nuestra casa mañana?

B: Sí, visitamos vuestra casa mañana.

A: ¡Muy Bien! Siempre sois bienvenidos.

Ejercicios

1. 次の規則動詞を活用させましょう。

1) Yo (preparar   ) la ensalada para la cena.

2) ¿Tú (estudiar   ) matemáticas?
    — Sí, (   ) álgebra y geometría.

3) ¿Qué bebida (tomar   ) vosotras?
    — Nosotras (   ) agua, ¡gracias!

4) ¿Ustedes (caminar   ) mucho?
    — Yo no (   ) mucho, pero ella sí.
      Ella (   ) una hora todos los días.

Lección 8

¿Dónde vives? — Vivo cerca de la universidad.

この課の内容

・規則動詞 -er・-ir 型動詞の活用（変化）
・指示形容詞・指示代名詞その 1

第 7 課で学んだ -ar で終わる動詞につづき、この課では -er, -ir で終わる動詞を勉強します。「食べる」を意味する comer や、「生きる・住む」を意味する vivir が、それぞれの代表的な動詞です。これでしっかり規則動詞の 3 つのパターンが言えるようになります。また追って学ぶ不規則動詞の変化を覚える準備も整います。後半では、英語の this や that にあたる、指示形容詞・指示代名詞を学びます。this と that の二種類がある英語とは違い、日本語の「これ・それ・あれ」にほぼ対応する 3 つの形があるので、性数変化と合わせて覚えていきましょう。

● この課で学ぶ主な表現 1-68

¿Dónde comemos? — Comemos en la cafetería.

¿Qué comes tú? — Como una sopa con fideos.

¿Dónde vives? — Vivo cerca de la universidad.

Este cuaderno es de Juan.　Esta es mi pluma.　Este es mi bolígrafo.

Lección 8

Gramática	er/ir動詞、指示形容詞・指示代名詞

1 規則動詞　-er・-ir型の活用（変化）

1a 動詞 comer の変化 1-69

	単数		複数	
一人称	yo	**como**	nosotros	**comemos**
二人称	tú	**comes**	vosotros	**coméis**
三人称	él / ella / usted	**come**	ellos / ellas / ustedes	**comen**

comer（食べる）という動詞の「語幹」は com- です。ここまでは変化しませんが、「活用語尾」が主語によって、-o, -es, -e, -emos, -éis, en と変化します。

¿Qué **comes**? — **Como** pan / arroz / fruta / dulces.
¿Dónde **comen** ustedes normalmente? — **Comemos** en la cafetería.

1b 動詞 vivir の変化 1-70

	単数		複数	
一人称	yo	**vivo**	nosotros	**vivimos**
二人称	tú	**vives**	vosotros	**vivís**
三人称	él / ella / usted	**vive**	ellos / ellas / ustedes	**viven**

vivir（住む／生きる＝英語の to live）という動詞の「語幹」は viv- です。ここまでは変化しませんが、「活用語尾」が主語によって、-o, -es, -e, -imos, -ís, en と変化します。-er 動詞のパターンに似ていますが、一人称と二人称の複数のところだけ、-imos, -ís となるので、注意して下さい。

¿Dónde **vives**? — **Vivo** en Mérida, Yucatán.
¿Dónde **vive** usted? — **Vivo** cerca de la universidad.

1b -er, -ir 型規則動詞 1-71

不定詞（原形）が -er, -ir で終わる規則動詞は他にもたくさんあります。いくつか例を見ていきましょう。

Aquí **venden** frutas.　　**Aprendemos** español.　　Aún **aprendo**. (Goya)
Abrimos la ventana.　　¿Qué **escribes**? — **Escribo** una carta a José.

指示形容詞・指示代名詞その１

スペイン語の指示詞、実は「これ、それ、あれ」の３種類あるのですが、ここではまず
覚えやすい、「これ」と「それ」を覚えてもらいます。

		男性	女性		男性	女性
単数	これ・この	este	esta	それ・その	ese	esa
複数	これら（の）	estos	estas	それら（の）	esos	esas

2a どんな名詞につくか、あるいはどんな名詞をあらわすかによって、男性形と女性
形、単数形と複数形、があります。 **1-72**

    este vaso   **estos** vasos   **esta** pluma   **estas** plumas

    ese libro   **esos** libros   **esa** mesa   **esas** mesas

2b 男性形が、単数は este, 複数は estos というのが少し間違えやすいですが、まず
は女性形の esta, estas から覚えて、男性形については間違えながら覚える、と
いうのでもいいと思います。（実は esto, eso という形も別の意味になりますが
存在します。10 課で出てきますので、そちらで覚えて下さい。）

豆知識

数詞の覚え方のコツをお教えしましょう。

・1から10は覚えるしかありませんが、英語の知識と関連付けられるものも多いので
（triangle, quarter, November, December, etc.）、参考にしてください。

・10の位の前半、11から14までは、1の位の数字を変形させて-ceをつけたものです。
この -ceは、実はdiez の元になったラテン語の decem からきています。

・10の位の後半以降は、10の位と1の位を y でつなぐ、と考えましょう。
15から19は diez y xxに由来する形で、diez y がつながってdieci- となります。20の位は
veinti-となっていますが、これもveinte y が詰まったものです。

・30以上も、10の位と1の位をy（= and）でつなぐと考えればいいと思います。

・100は、ピッタリの場合は cien となりますが、101は ciento uno、200は doscientosの
ように、ciento が基本だとお考えください。

Lección 8

1-73

A: ¿Qué comes?

B: Como un bocadillo (sándwich)/ una torta/ unos tacos...

A: ¿Dónde vives?

B: Vivo en Tokio / Yokohama / Japón...

A: ¿Vives con tu familia?

B: Sí, vivo con mi familia. / No, no vivo con mi familia.

Ejercicios

1. 右の動詞を主語に合わせて活用させて（　　　）内に入れ、文を完成させましょう。

1) ¿Dónde (vivir　　　　　　) vosotros?

　— (　　　　　　　　) cerca de la biblioteca municipal.

2) ¿Dónde (comer　　　　　　) tú normalmente?

　— (　　　　　　) en la cafetería.

3) ¿Qué (comer　　　　　) ustedes?

　— (compartir　　　　　　) una paella entre los tres.

4) Ellos (aprender　　　　　) muchas cosas en la clase.

5) ¿Dónde (comer　　　　　) la paella usted y Adela?

　— Siempre (　　　　　) la paella en este restaurante.

6) Alicia y yo (beber　　　　　) el chocolate en la Chocolatería San Ginés.

Lección 9

Quiero comer unos tacos.

この課の内容

- 不規則動詞その1（語幹の母音変化の3つのパターン）：querer, poder, pedirなど
- 所有形容詞その2（後置形）

前の2つの課でスペイン語の動詞の変化の基本となる規則動詞を勉強しましたが、実際にはこれにあてはまらない動詞も多くあります。重要なものが多いので、使っているうちに覚えられますが、ここではその変化の基本として、語尾だけでなく、語幹の部分の音が変化するものを学びます。所有形容詞の後置形と呼ばれる形（英語の mine, yours に似ている）も学びます。

● この課で学ぶ主な表現 1-74

¿De tomar, qué quieren?
— Queremos pedir una jarra de limonada.

¿Podéis ayudar en nuestra mudanza?
— Yo no puedo, pero ella sí puede ayudar.

¿Quieres comer unos tacos?
—Sí, ¿cómo no? Quiero comer unos tacos de carnitas.

¿Es mi vaso?
— No, no es tuyo. Es de Ana.

¿Cuál es tu casa?
— La mía es la amarilla.

Lección 9

| **Gramática** | 不規則動詞・語根母音変化、所有形容詞その2（後置形） |

1 不規則動詞その1（語幹母音変化の3つのパターン）

1a 動詞 querer の変化（e→ie）

	単数	複数
一人称	yo **quiero**	nosotros, -as **queremos**
二人称	tú **quieres**	vosotros, -as **queréis**
三人称	él / ella / usted **quiere**	ellos / ellas / ustedes **quieren**

querer（英語の to want）を、前回習った comer と同じように変化させると、quero, queres となりますが、実際には quiero, quieres と活用します。

これは、後述の o→ue の変化と同様、スペイン語独特の音の変化のパターンで、動詞以外にも数字の siete, diez などに見られます。また、これらの変化は当該の母音のところにアクセントが来る時にのみ起きるので、queremos, queréis のところは quieremos, quieréis とはならないので、注意して下さい。

その他の動詞：pensar (pienso, piensas…)、sentir (siento, sientes…)

1b 動詞 poder（～できる）の変化（o→ue）

1-75

	単数	複数
一人称	yo **puedo**	nosotros, -as **podemos**
二人称	tú **puedes**	vosotros, -as **podéis**
三人称	él / ella / usted **puede**	ellos / ellas / ustedes **pueden**

o→ue も、スペイン語独特の変化です。poder（英語でいうと can に一番近いが、助動詞ではなく動詞）は、podo, podes ではなく、puedo, puedes と変化します。querer の場合と同じく、一人称と二人称の複数の形は規則動詞と同じ変化に戻ります。

¿**Puedes** asistir a la fiesta? ― No. Gracias por la invitación pero no **puedo** asistir.

¿**Podéis** llevar esta maleta? ― Sí, **podemos** llevar la maleta. Con mucho gusto.

その他の動詞：contar (cuento, cuentas…)、volver (vuelvo, vuelves…)
なお、jugar という動詞も ju- の部分が jue- と変化します (juego, juegas…)。

1c 動詞 servir の変化　 1-76

	単数		複数	
一人称	yo	**sirvo**	nosotros, -as	**servimos**
二人称	tú	**sirves**	vosotros, -as	**servís**
三人称	ella / usted	**sirve**	ellos / ellas / ustedes	**sirven**

「e→ie」「o→ue」の変化に加えて、数は比較的少ないですが、「e→i」という変化もあります。一人称と二人称の複数のところが規則動詞と同じ変化に戻るのは、前の二つと同じです。

¿Qué **sirvo** de tomar para ustedes?　— Queremos un vaso de agua, por favor.

その他の動詞：pedir (pido, pides…)、repetir (repito, repites…)

2 所有形容詞その2（後置形）　1-77

スペイン語には、所有形容詞が二種類あります。7課で学んだ、名詞の前におく前置形（短縮形）に加え、後置形（完全形）と呼ばれる形があり、2つの用法があります。一つは名詞を修飾するもの（ただし名詞の後ろにつける）、もう一つは、英語の mine, yours に似た使い方です。

	単数	複数
一人称	mío / mía	nuestro / nuestra
二人称	tuyo / tuya	vuestro / vuestra
三人称	suyo / suya	suyo / suya

2a　形容詞として使われる場合は名詞の後ろに付きます。また、どんな名詞につくか、あるいはどんな名詞をあらわすかによって、男性形と女性形、単数形と複数形があります。

el libro **mío**　　los libros **míos**　　la pluma **mía**　　las plumas **mías**

2b　定冠詞を伴って所有代名詞として使われたり、補語として「誰々のもの」という意味を表します。英語の mine, yours などの使い方と同じと考えて下さい。

¿Es **tuyo** este libro?　　　　— No, es **suyo**. Es de Carlos. El **mío** es este.

Lección 9

ミニ知識

なぜ所有形容詞には前置形と後置形があるんですか？

「なぜ？」という質問の直接のお答えにはなりませんが、実際にこんなときは役に立ちますよ、という例があると、納得できるかと思います。英語の a friend of mine をスペイン語にすると、un amigo mío となります。冠詞と所有形容詞は今の標準的なスペイン語では同時に出てくることはないので（スペインの一部や中米では、un mi amigo という言い方もありますが）、前に冠詞が来て、さらに後ろには所有形容詞がつけられる、ということの便利さがわかるかと思います。

Mini-conversación

1-78

A: ¿Qué quieres comer?

B: ¡Quiero comer unos tacos!

A: Entonces vamos a la taquería de la esquina.

B: ¡Ay, qué rico!

Ejercicios

動詞を主語に合わせて活用させて、文を完成させましょう。

1) ¿Tú (querer   ) desayunar? — Sí, (   ) un desayuno ligero.

2) ¿Ellos (poder   ) venir a la fiesta de mañana?
   — No, no (poder   ), aunque (querer   ) asistir.

3) Nosotros (servir   ) el auténtico mole poblano.

4) ¿Qué plato (pedir   ) tú?
   — Yo (   ) un gazpacho para empezar.

ミニ知識

el と la 以外に、lo という定冠詞があると聞いたんですが。

自分でいろいろ調べてくれてありがとう。
はい、lo というのは中性の定冠詞です。他にも使い方はありますが、一番先に覚えてほしいのは、形容詞について「○○ということ」のように形容詞を名詞化する使い方です。例えば、lo importante なら「重要なこと」です。

なるほど、わかりやすいし便利そうですね。

Lección 10

¿De dónde vienes?
— Vengo de la biblioteca.

- 不規則動詞その２：venir, dar など
- 指示形容詞・指示代名詞その２（「あの」にあたる表現と中性の代名詞）
- 関係詞その１

この課では、さらに多くの不規則動詞を学びます。活用のパターンによって分類し、できるだけわかりやすくルールを説明するので、少しずつ覚えていって下さい。また、この課の後半は指示詞の続きと関係詞の説明です。第8課で学んだ「この（これ）・その（それ）」に続き、「あの・あれ」にあたる表現と、「中性」の指示代名詞を学びます。関係詞についても、ごく基本的なものだけですが、扱っておきます。

● この課で学ぶ主な表現 1-79

¿A qué hora sales de casa?

— Normalmente salgo de casa a las siete y media.

Hago muchos esfuerzos para aprender español.

¿De dónde vienes? — Vengo de la biblioteca.

♪ Doy gracias a Dios por este regalo. (Celia Cruz, *Yo viviré*)

¿Qué es esto? — Esto es el té de cebada, una bebida típica de Japón.

Lección 10

Gramática | 不規則動詞その2・venir, dar など、指示詞その2、aquel + 中性の指示代名詞

1 不規則動詞その2

1a 一人称のみ不規則となる動詞

以下の動詞は、一人称単数のみ不規則となる動詞です。二人称、三人称など、その他の活用は規則動詞と同じなので、ご自分が大事、と思われるものから覚えていきましょう。

hacer → hago   saber → sé   conocer → conozco

agradecer → agradezco   poner → pongo   ver → veo

1b 語幹母音変化動詞と一人称単数の変化の組み合わせ

すでに皆さんに覚えてもらった tener がまさにその代表例ですが、他にもいくつか、語幹母音変化と一人称の不規則の組み合わせの動詞があります。ここではよく使われる、venir（＝来る）と、decir（＝言う）を表で紹介します。

	単数	複数		単数	複数
一人称	vengo	venimos		digo	decimos
二人称	vienes	venís		dices	decís
三人称	viene	vienen		dice	dicen

1c その他の不規則動詞

dar（＝与える）   oír（＝聞く）

	単数	複数		単数	複数
一人称	doy	damos		oigo	oímos
二人称	das	dais		oyes	oís
三人称	da	dan		oye	oyen

dar と類似のもの：ver → veo, ves, ve, vemos, veis, ven

oír と類似のもの：construir → construyo, construyes, construye, construimos, construís, construyen

2 指示詞形容詞・指示代名詞その2（「あの」にあたる表現と中性の代名詞）

2a 「あの」にあたる表現 🎧 1-80

第8課では覚える量を考慮して、「この」と「その」だけを勉強しました。もう一つの「あの」にあたる表現も、ここでまとめます。

	この・これ		その・それ		あの・あれ	
	男性	女性	男性	女性	男性	女性
単数	este	esta	ese	esa	aquel	aquella
複数	estos	estas	esos	esas	aquellos	aquellas

仮に「この、その、あの」と訳しましたが、日本語では「この」が「話し手の近く」「その」が「話し相手の近く」という特徴があるのに対し、スペイン語は esta, esa, aquella の順に「話し相手から遠ざかっていく」と考えてください。

Aquel día, el 11 de marzo de 2004…　　　　**Aquella** casa es de mis tíos.

2b 中性の代名詞 　1-81

esto, eso, aquello は中性の指示代名詞で「これ、それ、あれ」を表します。

例えば、何かわからないものに対して「これはなんですか？」と聞く場合や、前の文全体、あるいは状況を受けて「このこと」という場合などに使われます。

¿Qué es **esto**?　　— (**Esto**) es un abanico.　　¿Qué es **eso**?

Los espectadores de los partidos de tenis cuidan el ambiente del estadio.

Esto es muy importante para los jugadores.

3 関係詞その１

スペイン語にも英語と同じく、関係代名詞や関係副詞があります。形は疑問詞と似ていますが、疑問詞にはアクセント記号をつけ、関係詞にはつけないので、そこで疑問詞か関係詞かを見分けます。ここでは基本的な、よく使う関係詞のみを紹介します。様々な用法そしてその他の関係詞については、巻末の補足と Web サイトをご覧下さい。

3a **que:** 英語の that にあたる、最もよく使われる関係詞です。人についても、ものについても使えます。　1-82

Mis hijos tienen una amiga que ahora vive en México.

3b **lo que:** que に中性定冠詞の lo がつくと、英語の関係代名詞 what と同じ意味になります。「○○ということ」という意味で、日常会話でも意外とよく使われます。　1-83

Lo que dice Ricardo es muy importante.

Lección 10

A: ¡Qué milagro! ¿Qué haces aquí?

B: ¡Qué sorpresa! Estoy en una reunión.

A: ¿Conoces algún restaurante aquí cerca?

B: Sí, conozco varios. Este, por ejemplo, es muy bueno.

A: ¿Qué es esto?

B: Esto es un/una XXX.

（音声ファイルは regalo となっていますが、周りにあるものを使って練習しましょう！）

Ejercicios

1. 日本語の意味になるように（　　）内に適切な指示代名詞を入れましょう。

1) 今朝（＝この朝）（　　　　　　　） mañana　2) これらの友達（　　　　　　　） amigos

3) その男（　　　　　　　） hombre　　　4) それらの女性達（　　　　　　　） mujeres

5) あの男の子（　　　　　　　） niño　　　6) あれらの建物（　　　　　　　） edificios

ヒント：名詞の性は、a で終わるものは女性、o で終わるものは男性となります。また、自然の性があるものはそれに従って選んで下さい。

2. 右の動詞を主語に合わせて活用させて（　　）内に入れ、文を完成させましょう。

1) ¿Usted (querer 　　　　　　　) desayunar?

　　— Sí, (querer 　　　　　　　) un desayuno ligero.

　　— Muy bien, (servir 　　　　　　　) un desayuno ligero.

2) ¿Ustedes (poder 　　　　　　　) venir con nosotros?

　　— Sí, (nosotros) (poder 　　　　　　　) ir con ustedes.

3) ¿Cuándo (vosotros) (querer 　　　　　　　) ir al museo?

　　— (querer 　　　　　　　) ir el martes.

　　— Entonces nosotros (ir 　　　　　　　) al museo el martes.

4) ¿Qué (pedir 　　　　　　　) tú?

　　— Yo (pedir 　　　　　　　) una sopa de mariscos.

Ver es creer.

この課の内容

・不定詞と現在分詞

・進行形など、現在分詞を使った様々な表現

・比較の表現

これまで動詞の活用を覚えてきましたが、この課では、動詞の述語として以外の使い方を学びます。文中に動詞が不定詞の形で出てくるときは、「○○すること」という名詞的な役割、英語の-ING形にあたる現在分詞で出てくるときは、副詞的な役割を担うのだ、ということを、例文とともに説明していきます。また、後半では比較の表現を学びます。スペイン語の比較の表現を作るには、英語のmoreにあたるmásなどを形容詞につければよく、形容詞自体の形が比較級に変わることが多い英語に比べてシンプルですが、色々な場面で使われる奥の深い表現です。まずはここで基本を身につけましょう。

この課で学ぶ主な表現

1-85

Ver es creer.

Estamos trabajando muy duro.

Ya empieza el evento. Tenemos que ir corriendo.

Kioto es más antigua que Tokio.

El Aconcagua es la montaña más alta de Sudamérica.

La Ciudad de México es tan grande como Tokio.

Lección 11

Gramática | 不定詞・現在分詞・比較級

1 不定詞 1-86

不定詞は動詞を名詞として（「○○すること」などの意味で）使う場合に用いられます。

Ver es **creer**.

Necesitamos un cuchillo para **picar** la cebolla.

♫ **Vivir** es fácil con los ojos cerrados. (= "Living is easy with eyes closed." The Beatles, *Strawberry Fields Forever* のスペイン語訳より：同名のスペイン映画もあります)

2 現在分詞

現在分詞は -ar 動詞であれば語尾の -ar の部分を -ando に、-er, -ir 動詞であれば語尾の部分を -iendo に変えて作ります。一部、語幹の部分が変化するものもあるので、注意して下さい。

tomar → tomando   comer → comiendo   vivir → viviendo

注意すべき形：ir → **ye**ndo sentir → s**i**ntiendo morir → m**u**riendo など

2a 現在分詞は「○○しながら」「○○するように」のように、動詞を副詞的に使う用法です。 1-87

El tiempo pasa **volando**.
Ellos vienen **corriendo** para no llegar tarde al concierto.
♫ **Rompiendo** barreras, voy **sobreviviendo**,
cruzando fronteras, voy **sobreviviendo** (Celia Cruz, *Yo viviré*)

2b 現在分詞と動詞 estar を組み合わせて、進行形を作ることもあります。 1-88

Estoy **buscando** la llave.
♫ Ya estamos **llegando**. (La Oreja de Van Gogh, *Jueves*)

3 比較：優等比較と劣等比較と最上級と同等比較と比較の不規則形

比較の構文は、英語と比べてそれほど難しくありませんが、いろいろなところで出てくる重要な表現です。ここで比較の構文の基本をおさえておきましょう。

3a 優等比較　más + que　🎧 1-89

英語の more にあたるのが más、than にあたるのが que と覚えて下さい。英語のように、形容詞の語尾を変化させるのではなく、形容詞の前に más をつければ作ることができます。（形容詞の性と数は主語にあわせます。）

El monte Fuji es **más** alto **que** Yatsugatake.

La ciudad de Kioto es **más** antigua **que** Tokio.

3b 劣等比較　menos + que　🎧 1-90

Yotsugatake es **menos** alto **que** el monte Fuji.

La ciudad de Kioto es **menos** antigua **que** Nara.

3c 最上級　🎧 1-91

最上級を作るときも más を使います。また、最上級という特別な存在なので定冠詞が付き、多くの場合、どんな集合の中での最上なのかを示すための表現も加わります。

El monte Fuji es **la** montaña **más** alta **de** Japón.

El ajedrez es uno de **los** juegos **más** populares **del** mundo.

> 「定冠詞+ más+de」の３点セットで覚えて下さい。

3d 同等比較　🎧 1-92

英語の as… as にあたる形です。最初の as にあたるのが tan、二番目の as にあたるのが como です。

La Ciudad de México es **tan** grande **como** Tokio.

🎞 Vanessa es **tan** alta **como** Usnavi. (*In the Heights*)

3e 比較の不規則形　🎧 1-93

多くの形容詞は、前に más/menos をつければ比較級になるのですが、不規則な比較級を持つ形容詞がいくつかあります。それらについて簡潔にまとめておきます。（より詳しい説明や例文は web にのせます）

mucho, muy: **más**　　bueno, bien: **mejor**　　malo, mal: **peor**　　poco: **menos**
grande: **más grande** / **mayor**　　　pequeño: **más pequeño** / **menor**

José es **mayor** que Juan.

¡Esto es el **mejor** momento de mi vida!

3f 同等比較の不規則　🎧 1-94

mucho の同等比較：**tanto**

María tiene tantos amigos como Ana.

Lección 11

Mini-conversación

A: ¿Qué estás haciendo?　　B: Estoy escribiendo un ensayo.

A: ¿Quiere probar la paella?　　B: Sí, ¿cómo no? Quiero probar la auténtica paella.

A: Juan no está. Siempre llega tarde.　B: Esperamos un poco más. Viene corriendo.

A: ¿Quién es más alto, Juan o José?　　B: José es más alto que Juan.

A: ¿Cuál es la montaña más alta de Sudamérica?　　B: Es el Cerro Aconcagua.

豆知識

比較級の不規則形は、mucho の比較級の más、poco の比較級の menos 以外、すべて-or で終わる
ことにお気づきでしょうか。実はこれはラテン語からの伝統を引き継いだ言い方で、英語でいうと、
senior, junior, superior などとも関連があります。(ちなみに、「ペンは剣よりも強し」にあたる
ラテン語は、Calamus gladio fortior.です。最後の fortior は、音楽用語の forte (イタリア語) の
元になったラテン語 fortis (スペイン語では fuerte) の比較級です。

Ejercicios

1. 動詞を現在分詞にして、文を完成させましょう。

1) Los alumnos escuchan al profesor (tomar　　　　　) notas.

2) La señora García abre la ventana (cantar　　　　　).

3) (ver　　　　) la televisión, no puedes concentrar en la tarea.

4) En la clase de español, mientras aprenden la lengua, también van

　　(conocer　　　　　) la cultura de los países hispanohablantes.

5) Estamos (ir　　　　　) para allá. Vamos a llegar tarde pero no mucho.

2. (　　) の中に適切な語句を入れて、比較の構文を完成させましょう。

1) El Monte Fuji es (　　　　　) alto (　　　　　　) Yatsugatake.

2) Yatsugatake es (　　　　　) alto (　　　　　) el Monte Fuji.

3) Jaime juega al fútbol (bueno　　　　　) (　　　　　) yo. (優等比較・不規則)

4) Yatsugatake es (　　　　　) alto (　　　　　) Komagatake. (同等比較)

5) Ángeles es (　　　　　) simpática (　　　　　) Dolores. (同等比較)

6) El Monte Fuji es (　　　　　) montaña (　　　　　) alta (　　　　　) Japón.

7) Arturo es (　　　　) (grande　　　　　) (　　　　　) los tres hermanos. (最上級)

Lección 12

¿Cómo has estado?

この課の内容

・過去分詞
・現在完了形

前半最後となるこの課では、前の課で習った不定詞と現在分詞に続き、過去分詞を学び、現在完了形についても学びます。これを覚えることで、皆さんは ir + a を使った未来の表現に加えて、現在よりも前に起こったことを言えるようになります。過去形は別にあるのですが、活用もさらに難しいので、実際に現地に行ったときのサバイバルのためには、とりあえず現在完了だけは覚えて使えるようになる、というのもひとつの戦略だと思います。その意味でも大事な文法事項ですので、しっかり覚えていきましょう。

● この課で学ぶ主な表現 2-1

La semana pasada	El mes pasado	El año pasado
La tienda está abierta.	El museo está cerrado.	Ellos llegan cansados.

— ¿Ya has comido?

— No, no he comido todavía.

— Entonces, ¡vamos a comer juntos (juntas)!

Lección 12

Gramática	過去分詞、現在完了形

1 過去分詞

1a 過去分詞の作り方

規則動詞は、-ar 動詞であれば語尾を -ado とし、-er, -ir 動詞の場合は語尾を -ido とします。

tomar → **tomado**　　　comer → **comido**　　vivir → **vivido**

不規則形

abrir → **abierto**　　　morir → **muerto**　　　escribir → **escrito**

decir → **dicho**　　　　hacer → **hecho**　　　poner → **puesto**

romper → **roto**　　　etc.

> 現在分詞と違って、不規則形がたくさんありますね…
> 覚えられるかなあ… 不安です。

> よく出てくるものが多いので、何度も見たものから、少しずつ覚えていけば
> 大丈夫ですよ。他にもいろいろあるので、web にリストを載せておきます。
> もし話す相手がいたら、「間違えてもいい（相手はわかってくれるし！）」くらい
> のつもりで使って、「ああ、こう言いたかったんでしょ？（例：abrido じゃなくて
> abierto だよ！）」と教えてもらったら、次は正しく言えるように着実に覚えてい
> くのがいいと思います。（もちろん、最初から正しく覚えないと変なクセがつくか
> ら最初からちゃんと覚えよう、とおっしゃる先生もいらっしゃると思いますが。）

1b 過去分詞の使い方　🎧 2-2

過去分詞は動詞を形容詞的に使う時に用いると考えて下さい。形容詞的用法なの
で、性数変化に注意して下さい。また「○○された」と訳されることが多いです
が、自動詞の場合にはその考え方は必ずしも適切ではないので、注意して下さい。

La ventana está **abierta**.　　　La puerta está **cerrada**.

Estoy muy **cansada**.　　　　　Estoy muy **cansado**.

Estoy **muerta** de hambre.　　　Estoy **muerto** de hambre.

Ellas vienen muy **cansadas**.

（cansadas［＝疲れた］という形容詞は主語の ellas にかかります）

2 現在完了形

	単数			複数		
一人称	yo	he	**tomado**	nosotros	hemos	**tomado**
二人称	tú	has	**tomado**	vosotros	habéis	**tomado**
三人称	él / ella / usted	ha	**tomado**	ellos / ellas	han	**tomado**

現在完了形は、haber という動詞の現在形に過去分詞をつけて作ります。

用法は主に、以下の 4 つがあります。

2a 現在までに完了したことを表す。

He terminado la tarea.　　**Ya hemos** llegado a Kioto.

2b 経験を表す。

¿**Has visitado** España?　　— Sí, **he visitado** España dos veces.
He leído la novela *Cien años de soledad*. Es un libro muy interesante.

2c 現在まで継続していること

¿Cómo **has estado**?　　— **He estado** muy bien.
Jorge es argentino. **Ha vivido** en Japón más de 30 años.

2d 近い過去におきたこと（今日、今週、今月と言った、日本語で「今」が入る時間）

¿**Has desayunado** hoy?　　— No, hoy no **he desayunado**.
No **hemos ido al** gimnasio esta semana.

現在完了形のまとめ

ここであらためて「現在完了形とは何か」を考えてみましょう。言い換えると、「完了・
経験・（現在までの）継続・近い過去」の 4 つの用法に共通する要素は何でしょうか。
まずは自分で考えてみてください。（答えは次のページの「豆知識」へ）

Mini-conversación

A:　¿Cómo has estado?
B:　He estado muy bien.

A:　¿Vosotros habéis desayunado hoy?
B:　No, hoy no hemos desayunado.

A:　¿Estás cansado?
B:　No, no estoy cansado. ¡Estoy muy bien!

Lección 12

1. 過去分詞を適切な形にして（　　）内に入れましょう。（＊がついているのは不規則動詞です。）

1) la tienda　　　　（cerrar　　　　　　　　　）

2) los viajeros　　　（cansar　　　　　　　　　）

3) el museo　　　　（abrir*　　　　　　　　　）

4) los platos　　　　（romper*　　　　　　　　　　）

2. 動詞を現在完了形の適切な形にして（　　）内に入れましょう。

1) ¿Cómo (estar　　　　　　　　) ustedes?

　　— Nosotros (estar　　　　　　　　　) muy bien, gracias.

2) ¿Vosotros (hacer*　　　　　　　　) la tarea?

　　— Yo sí (　　　　　　　　) la tarea, pero él no.

3) Alberto ya (terminar　　　　　　　　　) su proyecto.

豆知識

現在完了形の時制としての意味と英語との違い

　まずは前のページで出した「現在完了形とは何か？」、言い換えると「現在完了形の4つの用法に共通する要素とは何か？」という問いの答えからいきましょう。それは「現在に関連する過去のできごと」と考えるといいと思います。完了というのはもちろん「現在の時点で完了している」という意味で現在に関係しますし、経験用法は「その経験が現在と関係している」からこそ、現在完了形を用いるわけです。その他の用法についても、単に過去にこういう事実があった、ということではなく、現在に関連していることとしてその事実を表現している、ということがわかると思います。

　この現在完了形の原理は、スペイン語でも英語でも共通ですが、実際の用法は多少違います。「近い過去」という用法は英語にはありません。また経験用法については、スペイン語でも使われるものの、英語なら現在完了形を使うところで、現在も継続して行われていることだから、ということで、現在形を使うこともあります（例①）。現在完了形を使うのは、それなりに長く続いた場合に限るようです（例②）。

例①：Hace seis meses que estudiamos español.（6ヶ月前からスペイン語を勉強している）
例②：Jorge ha vivido más de treinta años en Japón.（ホルヘは30年以上日本に住んでいる）

¡Te queremos mucho!

この課の内容

- 目的格代名詞その１（一人称と二人称）　語順に特に注意して覚えましょう。
- 代名詞の前置詞格（一人称と二人称）
- 人が目的格になるときの前置詞 a
- 不定語と否定語

後半最初のこの課では、目的格と前置詞格の代名詞、そして不定語と否定語について学びます。目的格の代名詞は、英語と違って動詞の前に来ることが多く、語順がかなり柔軟なスペイン語の中にあって、ここになければいけない、というルールがきっちりとしています。まずはそのルールに慣れるため、一人称と二人称のみを紹介します。「前置詞格」というのは、前置詞のあとで使われる形です。最後の「不定語」と「否定語」というのは聞き慣れない文法用語ですが、英語の something や nothing だと考えるとよいと思います。

● この課で学ぶ主な表現　 2-8

Me hablan por teléfono.

Todo el mundo te quiere.

Te regalo este libro.

¿Nos dais vuestros datos, por favor? — Sí, claro. Os damos nuestros datos.

Aquí no hay nada.　　　　　Nunca he recibido una carta tan bonita.

🎞 Nadie es perfecto. (*Fresa y chocolate*)

🎵 No hay nada más difícil que vivir sin ti. (Marco Antonio Solís)

Lección 13

Gramática	目的格の代名詞、前置詞格の代名詞、不定語と否定語

1 目的格代名詞その１（一人称と二人称の目的格代名詞）

	単数		複数	
一人称	私を／に	**me**	私達を／に	**nos**
二人称	君を／に	**te**	君達を／に	**os**

1a 活用した動詞、つまり述語の前に置きます。 2-9

Te regalo este libro.　　　　¿**Me** ayudas, por favor?

 よくある間違い：
Regalo te este libro など、英語のように動詞の後ろにつけてしまいがちですが、
スペイン語では、目的格の代名詞は述語の直前に来ます。注意してください。

1b 文中に動詞の不定詞があり、目的格代名詞がその不定詞の目的語である場合は、不定詞の直後につけることもできます。その場合、スペースなしでつなぎます。 2-10

Quiero regalarte este libro. / Te quiero regalar este libro.

Necesitamos pediros un favor. / Os necesitamos pedir un favor.

 目的格代名詞の位置に注意しましょう

2 代名詞の前置詞格 2-11

英語では前置詞のあとに代名詞がくるとき、for me, to him のように、目的格の代名詞が使われますが、スペイン語の場合は以下のようなルールがあります。

	単数	複数
一人称	mí	nosotros（主格と同じ）
二人称	ti	vosotros（主格と同じ）
三人称	él / ella / usted（主格と同じ）	ellos / ellas / usted（主格と同じ）

一人称と二人称の単数の場合のみ、所有詞・目的格代名詞に似た mí / ti という形になります。それ以外は、主語の代名詞を使います。英語と違うので、気をつけて下さい。

Cantamos una canción para **ti**.　　　　Voy a la fiesta con **ustedes**.

¿Un regalo para **mí**? ¡Muchas gracias!　　　Veo muchas posibilidades en **ella**.

3 人が目的語となるときの前置詞 a

スペイン語では、「人が目的語となるときには、その前に前置詞 a をつける」というルールがあります。(目的語が物の場合は前置詞 a はつきません。また「アシスタントを探している」のように、特定の誰かを指すわけではない場合は、前置詞 a はつきません。)

Juana quiere **a** Juan.　　　　　Busco **a** mi hermana. (参考：Busco la llave.)

「参考」としてあげた例(「私はカギを探している」)のように、目的語がモノの場合は前置詞はいらない、というのがややこしいところなのですが、覚えていってもらいたいルールです。

補足説明：なぜこのように前置詞 a をつけるのかについては、機能的な説明ができます。たとえば、Juana quiere Juan.という文がスペイン語で成立するとすると、スペイン語では語順が柔軟なため、主語がどちらかがわかりにくくなってしまいます。(Juana が Juan を好き、とも、Juan が Juana を好き、とも取れます！)ですので、こちらが目的語ですよ、ということをはっきりさせるため、前置詞 a をつけるのだ、と考えると、わかりやすいかと思います。

4 不定語と否定語

「何か」「誰か」を不定語・否定語と言います。

	もの	人	代名詞／形容詞
不定語	**algo**	**alguien**	**alguno (algún, alguna)**
否定語	**nada**	**nadie**	**ninguno (ningún, ninguna)**

その他の否定語

nunca　　　**ni**　　　**tampoco**　　　**jamás**

Hay **algo** extraño en este texto.　　　¡**Nadie** es perfecto!

¿Hay **alguna** novedad? — No, no hay **ninguna** novedad.

Nunca he ido a Europa.　　　No quiero **ni** café **ni** té. Solo quiero agua.

注意：否定語について注意すべきは、かならず文の頭に「この文は否定文です」というマーカーが必要だ、ということです。たとえば最後の例文では ni という否定語が文中にあるにもかかわらず、文の頭に no が来ています。これは二重否定ではなく「述語の前に否定語がなければならない」というルールのためです。

No hay **nada**.　　(✕ Hay nada.)　　No quiero **nada**.　　(✕ Quiero nada.)

Lección 13

Mini-conversación　　2-15

A: ¡Yo os quiero mucho!

B: ¡Nosotros te queremos mucho, también!

A: ¿Me puedes mandar las fotos?

B: ¡Sí, claro! Te mando las fotos desde mi computadora.

♫ De pronto me miras, te miro y suspiras. (La Oreja de Van Gogh, *Jueves*)

Si me dejas, vas a seguir en mis recuerdos para siempre.
(ミュージカル *In the Heights* の挿入歌 *Para siempre* の歌詞を一部改変)

Ejercicios

(　　) の中に、日本語に合う目的格代名詞を入れましょう。

1) Yo (君に　　　　　　　　　) voy a escribir.

2) Nosotros (君たちを　　　　　　　　) esperamos.

3) Felipe y Nubia (私たちに　　　　　　　) mandan un paquete.

4) Ella (私に　　　　　) pide un café.

5) Nosotros (君を／が　　　　　　　) queremos mucho, Cleo. (*Roma*)

Lección 14

¿Quieres esta galleta? Yo te la paso.

この課の内容

- 直接目的格（対格）と間接目的格（与格）の違い
- スペイン語の三人称の直接目的格と間接目的格
- 代名詞を使った文

この課では、前の課で扱った目的格の代名詞をもう少し詳しく勉強します。

実はこの目的格の代名詞には、**直接目的格**と**間接目的格**の二つがあります。この課ではまず、直接目的と間接目的の違いをできるだけわかりやすく説明します。また、**一人称と二人称では形が共通**なのですが、**三人称では形も違う**ので、それについても説明します。

学生さんにとって混乱しがちなところですが、ここで習ったからすぐにちゃんとできるようになる、というものでもないので、気長に考えて、少しずつ慣れていって下さい。

● この課で学ぶ主な表現 2-16

Iniesta pasa la pelota a su compañero.

    Iniesta **la** pasa a su compañero. (la = la pelota)

    Iniesta **le** pasa la pelota. (le = a su compañero)

    Iniesta **se la** pasa. (se = a su compañero, la = la pelota)

Ella me la regala.

Yo te lo mando.

Lección 14

Gramática | 目的格代名詞その２（直接目的と間接目的・三人称の目的格代名詞）

1 直接目的（対格）と間接目的（与格）

「イニエスタはチームメイトにボールをパスする」という文を考えてみましょう。
この文には二つ目的語が含まれています。それは、「ボール」と「チームメイト」です。
このうち、述語である「パスする」の受け身形の主語となるもの、つまり「パスされる」
ものであるボールが、直接目的語となります。また、そのボールの「受け手」である「チ
ームメイト」が、間接目的語となります。

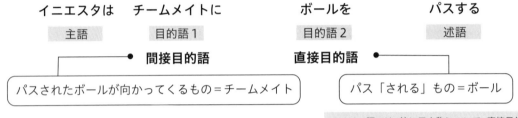

イニエスタは	チームメイトに	ボールを	パスする
主語	目的語1	目的語2	述語

間接目的語 ● 直接目的語 ●

パスされたボールが向かってくるもの＝チームメイト

パス「される」もの＝ボール

> スペイン語では、特に三人称について、直接目的
> と間接目的の違いを意識する必要があります。

2 直接目的格と間接目的格の代名詞 🎧 2-17

スペイン語では実際にどのような代名詞が使われるかをみていきます。

直接目的格（対格）

	単数		複数	
一人称	私を	**me**	私達を	**nos**
二人称	君を	**te**	君達を	**os**
三人称	彼・彼女・それを	**lo / la**	彼ら・彼女ら・それらを	**los / las**

Regalamos un libro a Carlos. = Lo regalamos a Carlos.
Juan quiere a María. = Juan la quiere.

間接目的格（与格）

	単数		複数	
一人称	私に	**me**	私達に	**nos**
二人称	君に	**te**	君達に	**os**
三人称	彼・彼女・それに	**le**	彼ら・彼女ら・それらに	**les**

Escribimos una carta a Mario. = Le escribimos una carta.
♪ Te doy una canción. (Silvio Rodríguez)   Me regalan un libro.

2a 　一人称と二人称は、me, te, nos, os で共通です。

2b 　三人称は、直接目的の場合は、男性（または男性名詞）は lo, 女性（または女性名詞）は la となります。（複数形はそれぞれ -s がつきます。また、三人称の間接目的の代名詞は、le / les となります。

2c 　第 13 課で見たように、どちらも活用した動詞、つまり述語の前に置きます。また、文中に不定詞がある場合は、その不定詞の直後につけることもできます。

3　文の中に直接目的と間接目的の代名詞の両方が出てくる場合

「君にそれをあげる」のように、直接目的と間接目的の両方が出てくる文もたくさんあります。その場合は以下の二点に注意して下さい。

3a 　まずは語順に注意しましょう。必ず「間接目的格 + 直接目的格」という順番になります。文全体の語順としては、「間接目的格 + 直接目的格 + 述語」、あるいは不定詞が文中にある場合は、不定詞の後ろに「間接目的格 + 直接目的格」の順番で直接つけることもできます。

 2-18

Yo te regalo este libro. → Yo te lo regalo.

Quiero regalarte este libro. → Quiero regalártelo. / Te lo quiero regalar.

 日本語は、「これを彼にあげる」でも「彼にこれをあげる」でも OK ですが、スペイン語では、「直接目的格 + 間接目的格 + 述語」という語順になることはありません。また、regalártelo のアクセント記号にも注意してください。

3b 　三人称の目的格代名詞が連続する場合、le が **se** になります。

2-19

Mando un mensaje a mi amiga.
→ 　Le mando un mensaje. / Lo mando a mi amiga. / **Se** lo mando.

Iniesta pasa la pelota a su compañero.
→ 　(Iniesta) Le pasa la pelota. / La pasa a su compañero. / **Se** la pasa.

 二つの目的格代名詞が併用されるとき、三人称の目的格代名詞は se になります。これには歴史的な理由があり、中世スペイン語では、一語で「彼にそれを」をあらわす gelo という代名詞があったのが、音が変化し、かつ二語に分かれたことで、今のようないい方になっています。

Lección 14

A: ¡Yo os quiero mucho!

B: ¡Nosotros te queremos mucho, también!

A: ¡Gracias por tomar muchas fotos! ¿Me las puedes mandar?

B: ¡Sí, claro! Te las mando desde mi computadora.

A: ¡Gracias! Si me las mandas, yo se las paso a mis amigos.

Ejercicios

1. 以下の二つの文を比べ、代名詞ともとの名詞を線でつないでみましょう。

● 例

Ohtani lanza la pelota al bateador.　　　*Ohtani se la lanza.*

1) Regalo estas flores a mi novia.　　　Se las regalo.
2) Quiere dar esta revista a un estudiante.　　　Quiere dársela.

2. 目的格代名詞(下線が引いてあります)が、何を指しているかに気をつけて、文を訳しましょう。

Si quieres hablar, primero me pides permiso y yo te lo doy.
(🎞 *La historia oficial* のセリフを一部改変)

Daniel me ha invitado a la fiesta pero tengo otro compromiso y no puedo ir.
¿Le puedes decir que no voy a poder asistir, aunque le agradezco mucho por la invitación?

No hay problema. Yo se lo digo.

単語

permiso = 許可　　fiesta = パーティー　　compromiso = 約束　　asistir = 出席する

agradecer = 感謝する　　invitación = 招待

Lección 15

Me gusta el té.

この課の内容

・動詞 gustar の使い方
・その他の gustar 型動詞
・関係詞その2

この課ではまず、スペイン語で「好き」というのをどう表現するかを学びます。このときに使われるのは gustar という動詞ですが、課のタイトルにあげた文を見ると、みなさん「あれ？」と思われる方もいらっしゃると思います。

「me は目的格じゃなかったっけ？」「gustar の『私』に対する活用は、gusto じゃないの？」そう思われた方は、ここまでのスペイン語の文章作りのルールがよく理解できている方です。（すばらしい！）この課では、この動詞 gustar を使った文がどんな構造を持っているのかを学び、また、これに似た形の文についても学んでいきます。

この課で学ぶ主な表現 2-21

Me gusta la manzana.

¿Te gusta el café?

— No, no me gusta el café. Prefiero el té.

A Carlos le interesan las matemáticas.

Me duele el estómago.

Lección 15

| **Gramática** | 動詞 gustar の使い方、gustar に似た動詞を使った構文 |

1 gustar 型動詞

「私は　りんごが　好き」= Me gusta la manzana. という

Me	gusta	la manzana.
私に	?	りんごは

「君は　ブドウが　好き」= Te gustan las uvas.

Te	gustan	las uvas.

「カルロスは　踊り（踊ること）　が好き」= A Carlos le gusta bailar.

A Carlos	le gusta	bailar.

> 主語と目的語が入れ替わる、
> と考えるとわかりやすいと思います。

1a 「私はりんごが好き」は英語では、I like apples. ですが、
スペイン語では Me gusta la manzana. といいます。
(Me gustan las manzanas. と、複数形でいう場合も。)

つまり、りんごが gustar という動詞の主語となり、
「好きである人」は、目的語となります。

1b 「誰々は○○が好き」という場合は、その人の名前に前置詞の a をつけて、
A María le gusta ○○. といいます。

その場合、目的格代名詞の le は省略されない (A María gusta とはならない) の
で、注意しましょう。

また、A mí me gusta / A ti te gusta と、a mí / a ti をつけて、「私は」「君は」と
いうのを強調することもあります。(例：君はコーヒーが好きだけど、私はお茶
がいい　A ti te gusta el café, ¿verdad? A mí me gusta el té.)

「とても好き！」という場合は、gustar に mucho をつけてもいいですし、
encantar という別の動詞を使って表現することもできます。

Me encanta = 大好き：¿Te gusta el chocolate? — Sí, ¡me encanta!

1c gustar と似たような使い方をする動詞は他にもあります。 **2-24**

interesar = 興味を引く (be interesting to)   parecer = 見える (seem)

llamar la atención = 関心をそそる   doler = 痛い(痛みを与える)

¿Te interesa Vargas Llosa? (*Fresa y Chocolate*)

¡Ay, me encanta la fresa! (*Fresa y Chocolate*)

Me parece muy interesante tu proyecto.

Nos llaman mucho la atención tus trabajos.

♫ Me gustas porque eres diferente. (Carlos Vives y Shakira, *La bicicleta*)

A mi tía le duele la cabeza.

（注意：su cabeza とはならないので、気をつけて下さい。）

---

2 関係詞その2 **2-25**

2a **donde:** 英語の where にあたります。場所を表す関係副詞です。

Mañana vamos a la librería donde venden libros en español.

2b **cuando:** 英語の when にあたります。時間を表す関係副詞です。

Cuando tengo tiempo, salgo a caminar.

豆知識 🦥

1. 学生の皆さんの中には、この gustar 型の構文を見て、「やはりちょっとなじめないな、なんで自分が主語じゃないんだろう？」と思われる方も相当数いらっしゃると思います。ただ、よくよく考えてみると、私たちが何かを好きになるときって、好きになっちゃった、という感じで、自分の意志はあまり関係ない、ですよね。そういうことからも、むしろ「誰かが何かを好き」という構文で、必ずしも「好きになった人」が主語である必要はなく、むしろ「好かれているもの」の方が主語になるというのも、納得して頂けるのではないかと思います。こうした考え方は、ヒンディー語（与格構文と呼ばれます）にも見られるそうです。例えばヒンディー語で「うれしい」は、「私に嬉しさが来てとどまっている」と言うのだそうです。（中島岳志『思いがけず利他』）こうしたことからも、gustar の構文はとても大事な意味を持っていると言えると思います。

2. 本書の例文には、歌や映画のセリフを取り入れるようにしました。単にスペイン語を学ぶだけでなく、スペイン語の様々な芸術作品に触れるきっかけにしてもらいたいと思ったからです。¿Te interesa Vargas Llosa? と Ay, ¡me encanta la fresa! の二つは、ともにキューバの名作、「苺とチョコレート」の名場面からとったセリフです。主人公二人がアイスクリーム屋ではじめて出会う有名なシーンです。

Lección 15

2-26

A: ¿Te gusta la manzana?

B: Sí, pero la verdad, me gusta más el durazno.

A: Ah, porque eres de Yamanashi, ¿verdad?

B: ¡Sí! Y a ti, ¿te gustan las uvas?

A: ¡Sí! Me encantan las uvas.

B: Muy bien, entonces si mis padres me las mandan, te las paso.

Ejercicios

動詞を適切な形に活用させ、また目的格代名詞を（　　）内に入れて、日本語の意味に合うように文を完成させましょう。

1) 私はパイナップル（la piña）が好きです。

（　　　　　）（　　　　　　　　　　gustar) la piña.

2) 彼は料理（をすること：cocinar）が大好きです。

（　　　　　）（　　　　　　　　　　encantar) cocinar.

3) 私たちの祖母は腰（＝背中）が痛いです。

A nuestra abuela（　　　　　　　）(doler　　　　　　　　　) la espalda.

4) 私の父は（両方の）足が痛いです。

A mi padre（　　　　　）(doler　　　　　　　　　　) los pies.

5) 君は数学に興味がありますか？

（　　　　　）(interesar　　　　　　　) las matemáticas?

6) はい、私は代数に特に興味があります。

（　　　　　）(interesar　　　　　　　　) el álgebra en particular.

Lección 16

¿A qué hora te levantas?
— Me levanto a las siete.

この課の内容

・再帰動詞の活用とさまざまな使い方

「スペイン語には『起きる』を一語で表す表現はありません」と言うと、びっくりされるかもしれません。しかし、「起こす」という動詞はあるので、それと何か別の言葉と組み合わせて「起きる」を表現する、といえば、「ああ、こういうことかな？」と、なんとなく想像はつくと思います。このような表現の仕方を、スペイン語では「再帰動詞」と呼びます。例としてあげた「起きる」はわかりやすい例ですが、それ以外にも様々な動詞があるので、まずは基本を押さえつつ「なるほど、スペイン語ではこんな言い方をするんだ！」と楽しみながら、学んでいきましょう。

● この課で学ぶ主な表現 2-27

Me levanto a las siete de la mañana.

Me lavo la cara y me visto.

Aquí se venden helados muy ricos.

Me atrevo a decir una cosa.

 まずは日本語で考えてみましょう。

「起こす」をつかって「起きる」を表現するにはどうするか？

起きる ＝ 私は（　　　　　　　　）を起こす

スペイン語ではこうした表現を「再帰動詞」と呼び、よく使います。

61

Lección 16

Gramática	再帰動詞の活用、再帰動詞の様々な用法

1 再帰動詞の活用

	単数		複数	
一人称	私を	me **levanto**	私達を	nos **levantamos**
二人称	君を	te **levantas**	君達を	os **levantáis**
三人称	彼・彼女 それを	se **levanta**	彼ら・彼女ら それらを	se **levantan**

1a 再帰動詞とは、主語と目的語が同じ、つまり、主語の動作が目的語としての主語に再び帰ってくる、動詞です。

→自分自身を起こす 　私自身＝me, 君自身＝te, 彼／彼女自身＝se **2-28**

¿A qué hora te levantas? — Me levanto a las seis de la mañana.

Mañana salimos de viaje. ¡Tenemos que levantarnos temprano!

(= ¡Nos tenemos que levantar temprano!)

1b 直接再帰と間接再帰

再帰動詞を理解するにあたって、その再帰代名詞が直接目的なのか、間接目的なのかを考えるのが大事な出発点になります。その二つをまずは整理しましょう。

1b-1 直接再帰＝主語が再帰動詞の「直接目的」である場合（自分自身を） **2-29**

¿Cómo te llamas? — Me llamo Ana. 　　Ella se mira en el espejo.

Me despierto a las seis de la mañana.

1b-2 間接再帰＝主語が再帰動詞の「間接目的」である場合（自分自身に・に対して） **2-30**

Me lavo las manos. 　Me lavo la cara. 　Me pongo el suéter.

直訳：私は「私自身に対して」手（顔）を洗う；私は「自分に」セーターを着せる

解釈：例えば、「子供の手を洗ってあげる」のような感じで、「手を洗う」という行為が自分自身に対して行われている、という形で、自分の手を洗っているのだ、ということを表現するというイメージでとらえて下さい。（英語では I wash my hands.となりますが、スペイン語では Lavo mis manos.とは言いません。「私の手」というのを、英語では所有を表す my で、スペイン語では、間接目的格の再帰代名詞の me で表すと考えて下さい。

2 再帰動詞の様々な用法

2a 相互用法：お互いに○○し合う、というときに再帰動詞を使う　2-31

Nos queremos mucho.（直接再帰）　　　　Nos escribimos.（間接再帰）

2b 強意・転意＝元の動詞と再帰動詞で意味が少し変わる（間接再帰）　2-32

comer＝食べる　→　comerse＝平らげる　　　ir＝行く　→　irse＝立ち去る
dormir＝眠る　→　dormirse＝起きていた人が眠りにつく（居眠りする）

Los niños se duermen después de la comida.
Mi hermano se come toda la pizza.

2c 再帰受身（○○されている：主語が誰であるかがあまり重要でない場合に使う）

En la playa se venden dulces de coco.　2-33

2d 無主語文（一般化・誰にとっても）　2-34

En este restaurante se come muy bien.
De Tokio a Kamakura se tarda una hora en tren.
♬ "Se baila así, se goza más." (Nickodemus, *Es que mi swing es tropical*)

2e 常に再帰動詞として使われる動詞　2-35
（単独では用いられない：人の感情や内面に関する表現）
quejarse＝文句を言う　　　　arrepentirse＝後悔する
jactarse＝自慢する　　　　atreverse＝思い切って何かをする

No me arrepiento por ese error.　　　Me atrevo a decirte una cosa.
Enrique se ve como una persona difícil y siempre se queja, pero en realidad es
muy buena persona.

豆知識

「起きる」と「起こす」—英語と比べてみよう

英語で「起きる」は wake up ですが、考えてみると誰かを起こすのも wake up です。つまり英語
では日本語の「起きる」と「起こす」を、同じ単語を使って表現するということになります。この
ように、日本語・英語・スペイン語の３つの言語で少しずつ言い方が違うことがわかります。こう
した違いについて知り、また考えることで、皆さんの言葉に対する見方が変わってくれれば、と思
っています。（なお、実は英語にも再帰動詞のような表現があります。ビートルズの名曲 Let it be の
歌い出し、"When I find myself in times of trouble..."などはその代表例です。皆さんも英語に触
れる機会に再帰の表現を探してみて下さい。意外とたくさん見つかるかもしれません。）

Lección 16

2-36

A: ¿A qué hora te levantas normalmente?

B: Me levanto a las siete, pero hoy me he levantado a las seis.

A: ¿Ya te vas?

B: Sí, ya me voy. ¡Nos vemos mañana!

A: Vamos a preparar la cena juntos. ¿Puedo lavarme las manos?

B: Sí, ahí te puedes lavar las manos. Ahí hay un jabón también.

Ejercicios

再帰動詞を主語に合わせて適切な形にし、(　　　)内に入れて文を完成させましょう。
1) の*がついているところは、現在完了形に、また、4) と 5) は不規則動詞となります。

1) ¿A qué hora (levantarse　　　　　　　　) usted normalmente?

　— (　　　　　　　　) a las seis, pero hoy (*　　　　　　　　) a las cinco.

2) ¿Vosotros (escribirse　　　　　　　) muy seguido?

　— Sí, (　　　　　　) porque (quererse　　　　　　) mucho.

3) ¿Con qué (tú, lavarse　　　　　　　) las manos?

　— (　　　　　　　　) las manos simplemente con un jabón normal.

4) ¿Cómo (tú, sentirse　　　　)? — (　　　　　　) muy bien.

5) Ustedes ya (ir　　　　　)? — No, todavía no (　　　　　　).

64

¿Dónde estarán?

・未来形
・過去未来形の丁寧用法

この課では、未来形と過去未来形を学びます。未来形は推量形とも呼ばれ、未来の予定を表すとともに、現在の推量を表すこともあります。ここでは未来形の意味について詳しく説明します。また、関連する過去未来形についても活用形を紹介し、過去未来については、会話で一番よく出てくる丁寧用法を学びます。

● この課で学ぶ主な表現　2-37

Hoy tomamos el avión. ¡Dentro de 24 horas estaremos en Madrid!

Paco no ha venido. ¿Estará en casa todavía?

Me gustaría pedirle un favor.

¿Podría pasarme la sal?　— Sí, claro. Aquí tiene.

Lección 17

Gramática	未来形、未来完了形、過去未来形

1 未来形

1a 未来形の活用

1a-1 規則活用

未来形の活用は、表の通りです。（-ar, -er, -ir 動詞全て共通）

	単数		複数	
一人称	yo	**tomaré**	nosotros	**tomaremos**
二人称	tú	**tomarás**	vosotros	**tomaréis**
三人称	él / ella / usted	**tomará**	ellos / ellas	**tomarán**

この活用の語尾の変化のパターン（-é, -ás, -á...）を見て、何かに似ていると思った方はいるでしょうか。実はこの未来形の活用は動詞の不定詞に現在完了形の時に出てきた動詞 haber の現在形の活用をつけたものなのです。tomar + he, has, ha... と考えると、活用も覚えやすく、また意味を考える上でも大事かと思います。

1a-2 不規則活用

未来形にも不規則活用があります。語尾の変化は共通で、語幹が変化します。

hacer → **haré**   tener → **tendré**   haber → **habré**
decir → **diré**   venir → **vendré**   poder → **podré**   etc.

1b 未来の出来事を表す

2-38

未来形はその名の通り、未来の出来事を表します。

Mañana **iré** a la casa de mis abuelos.
Después de la clase, **compraremos** los libros de texto.
Este fin de semana **vendrán** mis amigos.

1c 現在の推量を表す

2-39

未来形を使って「これからこうなるだろう」と述べたとしても、必ずしもその通りになるとは限りません。だとすると、未来形というのは、予定を表すものにすぎない、という言い方もできます。実際、スペイン語の未来形は「おそらくこうだろう」という意味で、現在のことについての推量を表すために使われることもあります。

Ya son las diez pero Juan no ha venido. ¿**Estará** en casa todavía?
¿Qué hora **será**? ¿Ya **serán** las cuatro de la tarde?

2 **過去未来形その１** 2-40

-ría, -rías, とわかりやすい変化なので、覚えやすいと思います。

	単数		複数	
一人称	yo	**tomaría**	nosotros	**tomaríamos**
二人称	tú	**tomarías**	vosotros	**tomaríais**
三人称	él / ella / usted	**tomaría**	ellos / ellas	**tomarían**

また、不規則形の作り方は、未来形と全く同じルールに従います。たとえば、hacer であれば、haría, harías...、poder であれば、podría, podrías... となります。

過去未来形というと、過去か未来かどっちなんだ、と思われるでしょうが、「過去から見た未来」といえば納得して頂けるかと思います。英語で言うと、will の過去形である would が、この過去未来形にあたります。

2a 過去未来形を使った丁寧表現

過去未来形には様々な用法があるのですが、「過去未来」という名前の由来となった用法は第 23 課で扱うことにして、ここでは会話でよく使われる丁寧表現を学んでもらいます。

2a-1 **Me gustaría:** 英語の I would like to にあたります。意味もほぼ同じで「○○したい」を表す丁寧な言い方です。

Me gustaría probar unos tacos de carnitas.
¿**Les gustaría** ir a ver una película? — Sí, ¿cómo no?

これに関連して「(自分でもしたかったことを) やってくれますか？」と聞かれて、
¡**Me encantaría**! ＝喜んで！ のように答える場合もあります。

2a-2 **Podría:** 英語の could を使った丁寧表現にあたります。「○○してもいいですか？」という、ものの頼み方だと思って下さい。
¿**Podría** pedirle un favor?
(¿Puedo pedirle un favor? でもよいのですが、より丁寧になります。)
¿**Podría** pasarme la jarra de agua, por favor?

Lección 17

Mini-conversación

2-41

A: Este fin de semana iré al cine.

B: ¡Ah, qué bien! ¿Puedo ir contigo?

A: Sí, claro. ¡Me encantaría! Iremos juntos, entonces.

A: ¿Podría pedirte un favor?

B: Sí, claro. ¿Qué quieres?

A: Me gustaría ir a ver una exposición pero no tengo coche; el museo está muy lejos de la estación y hay muy pocos autobuses. ¿Me puedes llevar hasta allá?

B: ¡Ah, esa exposición a mí también me interesa! Iremos juntos en mi coche.

A: ¡Ay, muchas gracias!

Ejercicios

動詞を未来形に活用させ、（　　）内に入れましょう。

1) ¿Dónde (tomar　　　　　　　) tú el taxi?

　　— (tomar　　　　　　　) el taxi en la estación.

2) ¿Carmen (estar　　　　　　　) en casa todavía?

　　— No sé, a lo mejor ella (estar　　　　　　　) en camino.

18

Que estés muy bien.

- ・スペイン語における法（modo)とは何か
- ・３つの法（直説法・命令法・接続法）の説明
- ・命令法と接続法の活用と基本的な用法

この課ではまず、スペイン語における法とは何か、を考え、今まで学んできた「直説法」以外の形、つまり命令法と接続法の基本を学びます。「法」という字は法律や法則などいろいろな使い方があります。その中のどれに近いのかな、と思ってしまいますが、スペイン語文法における動詞の法は**モード**だと思うとよいと思います。相手に何を伝えようとしているか、話し手のモードを切り替える、と考えるとわかりやすいと思います。

Gramática | 3つの法(直説法・命令法・接続法)、命令法と接続法の活用と基本的な用法

---

1 スペイン語における３つの法（modo）

まずは日本語で考えてみましょう。

話し手が相手に言葉で伝えようとすることは以下の３つのケースに分かれます。

- **a** 今日はいい天気だ
- **b** 窓を開けて下さい
- **c** 週末もいい天気だといいな

a の場合は、話し手は相手に事実をそのまま伝えています。
このような場合、スペイン語では動詞を「直説法＝indicativo」にします。

b の場合では、相手に対する頼みごと・命令を伝えています。
このような場合、スペイン語では動詞を「命令法＝imperativo」にします。

c の文は、**a** の「事実」でも、**b** の「命令」でもなく、自分の<u>願い</u>を述べています。
この「願い」のような、実現するかわからない「仮想」のことを述べるとき、スペイン語ではその内容を「接続法＝subjuntivo」の動詞で伝えます。

Lección 18

2 命令法の基本（命令その１）
2-42

命令法というのは定義上、話し相手、つまり二人称に対して用いられます。

・規則活用

tomar		comer		vivir	
二人称単数	二人称複数	二人称単数	二人称複数	二人称単数	二人称複数
toma	**tomad**	**come**	**comed**	**vive**	**vivid**

・規則動詞命令形は、直説法現在形の三人称単数と同じ形になります。

・不規則動詞もいろいろありますが、それについては次の第19課で説明します。

・なお、二人称複数については不規則はなく、動詞の原型の -r を -d に変えれば命令形が作れます。

・目的格代名詞と組み合わせて使う場合（「それをとって」など）、否定命令「○○しないで下さい」についてはは別の言い方があります。また、こちらについても第19課で説明します。

Toma este vaso.　　　¡**Come** mucho!　　　**Tomad** asiento, por favor.

3 接続法の基本
2-43

接続法は話者が仮想したこと、自分の頭の中で思い描いたことをあらわす時に使います。

	tomar		comer	
	単数	複数	単数	複数
一人称	**tome**	**tomemos**	**coma**	**comamos**
二人称	**tomes**	**toméis**	**comas**	**comáis**
三人称	**tome**	**tomen**	**coma**	**coman**

普通の現在形の活用から、eとaが入れ替わる、と覚えるといいと思います。
-ir 動詞は-er 動詞と全く同じ活用となります。

vivir: viva, vivas, viva, vivamos, viváis, vivan

接続法の意味と基本用法

さて、活用がわかったところで、実際にどのように使われるのかを見ていきましょう。

¡Que **estés** bien!

という文を例に考えます。estés は estar の接続法現在形の二人称単数です。（直説法の estás に似ていますね。）これを英語に直訳すると（estés は便宜上、"are/be" とします）、以下のようになります。

That you are/be fine. 「君が元気でいること」

「こと」で文が終わってしまっているのが気になりますが、これはもちろん、「そのことを願っている」ということで、つまり、「元気でね」という意味になります。

なお、こうした「願望文」を作るのに用いられる que は、関係代名詞で「感嘆文」を作るのに用いられる qué（疑問詞）ではありませんので、注意してください。

接続法には他にもたくさんの用法がありますが、これが一番基本的な使い方です。
まずはこのような「事実をそのまま伝える」のとは違う話者が仮想したことを表現するときに、スペイン語では接続法が使われるのだということを理解しましょう。

豆知識

最初の 3 つの例文のスペイン語について 2-44

ナマケモノ先生、ところで p.69 にあった「今日はいい天気」って、スペイン語では何ていうんですか？

ごめんごめん、説明は日本語だけの方がわかりやすいかと思って、スペイン語で言うのを忘れてました。質問してくれてありがとう。スペイン語でいうとこんなふうになります。

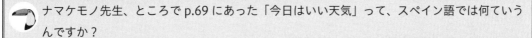
「今日はいい天気だ」　　　Hoy hace muy buen tiempo.
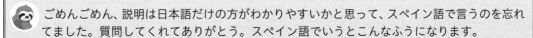
「窓を開けて下さい」　　　Abre la ventana, por favor.
「週末もいい天気だといいな」　Que haga muy buen tiempo el fin de semana también.

haga は hacer の接続法現在形の三人称単数形です。不規則形なので、23 課で改めて勉強しましょう。ちなみに hacer は英語で言うと do と make を合わせたような大事な動詞だけど、お天気の表現にも使います。神様のような存在がいて、「いい天気を作っている」と考えると、わかりやすいと思います。英語の It rains. の It と似ています。

なるほど、わかりました。今度いい天気の時に使ってみますね。

Lección 18

2-45

接続法を使った相手に幸運を願うフレーズです。声に出して言ってみましょう！

¡Que te vaya bien!（usted の場合は　¡Que le vaya bien!）

¡Que tengas un buen fin de semana!　　　¡Que tengas muy buen viaje!

¡Que tengas mucho éxito!　　　　　　　¡Que tengas mucha suerte!

下の二つは、同じく幸運を祈る、神様に関係する表現

¡Que Dios te bendiga!　　　¡Que Dios te acompañe!

参考：「こうなればいいな」を一語で表す ojalá という表現もあり、歌にもよく使われます。

♪ Ojalá que llueva café en el campo (Juan Luis Guerra)

Ejercicios

この日本語の文をスペイン語にする場合、どの「法」を使うか、考えましょう。
直（直説法）・命（命令法）・接（接続法）のどれかに○を付けて下さい。

1) 私は食器を洗う。　　　　　［直・命・接］　　4) 週末晴れるといいなあ。［直・命・接］

2) 洗濯物を干しておいて。［直・命・接］　　5) 早くお迎えに来てね。　［直・命・接］

3) ご家族はお元気ですか？［直・命・接］　　6) 皆さんお元気で。　　　［直・命・接］

豆知識

文法用語の再確認（直説法・命令法・接続法）

文法の用語って、なんでこういう名前がついてるんだろう？というものがいろいろありますよね。
ここで少し説明しておきましょう。

法：命令「法」や仮定「法」の「法」というのは、日本語で考えると難しいのですが、スペイン語
では modo（英語では mood）です。話し手が相手にこんなことを伝えようとしている「モード、
あるいはムードの切り替えだ」と思うとわかりやすいかと思います。

直説法：英語では indicative といいます。indicate ＝指し示す、なので、指でさしながら、これは
こうですね、と説明する、というのが名前の由来です。（「指さし」と覚えるといいかもしれません。）

命令法：英語では imperative といいます。emperor と同じところから来ています。つまり「皇帝」
というのは「命令を下す人」なんですね。

接続法：英語では subjunctive といいます。高速道路のジャンクションのように、つながる、とい
う意味の -junctive に「下へ」をあらわす sub- という接頭辞がついています。主節ではなく、それ
につながる従属節でよく出てくるので、この名前があります。なお、スペイン語も含め、多くの言
語では日本語に入ったときに「接続法」と訳されていますが、英語ではなぜか「仮定法」と訳され
ました。実は英語の仮定法とスペイン語の接続法は、文法用語としてはもともと同じです。これに
ついてはまた 23 課で説明します。

Este libro es muy bueno.
Léelo. Espero que te guste.

この課の内容

・接続法の不規則活用
・接続法の用法（願望と意思を表す文）
・命令形の活用：不規則動詞と2人称以外の命令形
・命令形の使い方：目的格代名詞との組み合わせ
・否定命令

前の課に引き続き、接続法と命令形の使い方をもう少し詳しく見ていきます。前半では接続法の不規則活用と、より一般的な用法を扱います。とはいえ、接続法が使われる場面は本当にたくさんあるので、前の第18課の延長で「こうなってほしい」という願望や「こうしてくれるとうれしいなあ」などの意思を表す用法に限って扱います。（追って第23課でさらに色々な用法を学びます。）こんな時に使われる、というのを理解して、あとは実践を積んで使えるようになりましょう。命令形については、不規則形そして二人称以外の命令形を学びます。目的格代名詞との組み合わせ、そして否定命令を学びます。

● この課で学ぶ主な表現　　2-46

Creo que te va a gustar la comida.

Espero que te guste la comida.

Quiero que tomes esta bebida.　¡Te va a encantar!

Te pido que vengas conmigo.

Ten cuidado.　　　　Ven aquí.　　　　Levántate.

Dime.　　　Dímelo.　　　No me digas.　　　No me lo digas.

Lección 19

| Gramática | 接続法の不規則活用、接続法の用法、命令形の活用、命令形の用法 |

1 接続法の不規則形

接続法にも不規則形がありますが、変化そのものは規則的かつよく使われるので、比較的すんなり覚えられます。

1a 直説法一人称単数形から作る場合：直説法一人称単数形に、-er 動詞なら a を軸とした語尾、-ar 動詞なら e を軸とした語尾をつけます。

hacer:	(hago) haga, hagas...
conocer:	(conozco) conozca, conozcas…
pensar:	(pienso) piense, pienses...
decir:	(digo) diga, digas…

1b その他の場合：一人称を覚えれば活用形はほぼ共通です。

ser:	sea, seas, sea, seamos, seáis, sean
estar:	esté, estés, esté, estemos, estéis, estén
saber:	sepa, sepas, sepa, sepamos, sepáis, sepan
haber:	haya, hayas, haya, hayamos, hayáis, hayan

（**注**：haber は接続法現在完了形を作るときに重要です。また存在をあらわす hay は、実は haber の三人称単数形なので、接続法は haya となります。）

2 接続法の用法その1 2-47

接続法は話者の仮想を表す動詞の形ですが、様々な場面で使われます。ここでは代表的な名詞節の中での用法を中心に、なぜその場面で接続法なのか、を説明していきます。（その他の用法については web をご覧下さい。）

2a 現実の認識＝直説法が使われる場合

「私はこう思う」というときの従属節の内容は、話者が現実であると述べている内容なので直説法になります。

Creo que es muy interesante.　　　Carlos piensa que tú tienes razón.

2b 願望（動詞：esperar, querer, など）

「こうなったらいいな」という願望表現は、話者の仮想の一番わかりやすい形です。前の課で出てきた que で始まる単文もそうですが、esperar（期待する）や querer（望んでいる）といった動詞に導かれます。

Espero que te **guste** la comida.　　　Quiero que me **entiendas**.

3 命令表現（命令その２）

3a 活用 2-48

前の課で扱ったとおり、命令法は定義上二人称しかありませんが、実際には usted や ustedes に対する命令（依頼）の表現もありますし、また「私たち」に対して「○○しよう」という言い方もあります。そういった場合には「こうしてほしい」という意味になるよう、接続法を用います。改めて活用をまとめましょう。（「私」に対する命令形は、定義上ありません。）

	tú	usted	nosotros	vosotros	ustedes
tomar	**toma**	**tome**	**tomemos**	**tomad**	**tomen**
comer	**come**	**coma**	**comamos**	**comed**	**coman**
vivir	**vive**	**viva**	**vivamos**	**vivid**	**vivan**

二人称単数の不規則形もここでまとめておきます。

tener → **ten**   poner → **pon**   ser → **sé**   hacer → **haz**   decir → **di**   etc.

Ten cuidado.   Sé feliz.   Haz lo que quieras.

3b 目的格代名詞とともに使う場合 2-49

目的格代名詞を命令形とともに使う場合は、代名詞を命令形の後ろに直接つけます。間接目的と直接目的の代名詞が重なる場合も同じです。また、一人称複数形や二人称複数形の後ろに再帰代名詞を付ける場合は、最後の子音の -s や -d がなくなるので注意して下さい。

Dime.   Dímelo.   Piénsalo.   Dásela.
Vámonos. (✕ Vámosnos)   Levántate.   Levantémonos.
Levantaos. (✕ Levantados)

3c 否定命令 2-50

否定命令形は、命令形ではなく接続法を用い、また代名詞を伴う場合の語順も平叙文と同じになります。

No te vayas.   No me digas.   No piense más. (*El secreto de sus ojos*)

75

Lección 19

A: Espero que todo salga bien.

B: Claro, estoy seguro de que todo sale muy bien.

A: Ya son las ocho. ¡Levantaos!

B: Sí, ¡ya sé! ¡¡Levantémonos!!

A: No te vayas todavía. Pronto viene Adela.

B: Ah, entonces me quedo un rato más.

A: Dime la verdad.

B: Bueno, no te asustes: ¡la verdad es que gané una beca!

Ejercicios

1. (　　) 内に動詞を接続法に活用させて入れ、文を完成させましょう。

1) Quiero que tú me (acompañar　　　　　　　　).

2) Espero que ellos (estar　　　　　　　　) bien.

3) Insisto que vosotros (visitar　　　　　　　　) el museo.

4) Le pedimos que (quedarse　　　　　　　　) junto con nosotros.

2. 次の肯定命令文を否定命令文にしましょう。

1) Abre la ventana. _____

2) Abra la ventana. _____

3) Toma esta bebida. _____

4) Tome esta bebida. _____

3. 次の否定命令文を目的格代名詞に注意しながら肯定命令文にしましょう。

1) No lo pienses. _____

2) No lo piense. _____

3) No le diga. _____

4) No le digas. _____

20

Ayer comí pozole.

この課の内容

・点過去形
・点過去形と現在完了形との比較
・感嘆文

ここから3つの課のテーマは過去形となります。スペイン語には点過去と線過去という二つの過去形があります。そしてまた、現在完了形と点過去の違いも十分に理解しておく必要があります。過去について扱う最初となるこの課（過去形トリロジー第1部）では、まず、一般的な過去に起きた出来事を表す点過去という形を学び、現在完了形との違いについても考察します。ポイントは、**現在と過去は別次元**と考えることです。

● この課で学ぶ主な表現　2-52

Ayer comí pozole. Me gustó mucho.

Anoche cenamos unos tacos muy ricos.

En las vacaciones de verano mis amigos viajaron por España.

Comenzó a tocar el piano hace dos años.

¿Ya te despertaste?　— Sí, ya me desperté.

Victoria se lavó los dientes después del desayuno.

Lección 20

| **Gramática** | 点過去形、点過去形と現在完了形との比較 |

1 点過去形

1a 点過去形の規則活用

まずは 2 つの過去形のうち、単に「○○した」という意味の点過去形の規則活用を覚えましょう。

	tomar		comer	
	単数	複数	単数	複数
一人称	tom**é**	tom**amos**	com**í**	com**imos**
二人称	tom**aste**	tom**asteis**	com**iste**	com**isteis**
三人称	tom**ó**	tom**aron**	com**ió**	com**ieron**

-ir 動詞は -er 動詞と同じ活用をします。

vivir: viví, viviste, vivio, vivimos, vivisteis, vivieron

1b 点過去形の基本的な用法　 2-53

過去において完了したことを表します。そういう言い方をすると難しそうですが、とりあえずは単なる過去形だと思って下さい。（「完了したこと」の意味については、もう一つの過去形「線過去」と比較しながら次の課で説明します。）「○○した。」と訳せばいいと思ってもらえればいいと思います。

Ayer **comí** pozole.
¿**Preparaste** bien el examen? — Sí, **repasé** el texto tres veces.

1c 規則動詞以外の変化：語幹母音変化など

点過去形には多くの規則動詞の変化のパターンに従わない動詞があります。ここで扱うのは、点過去の規則変化に、語幹の母音の変化が加わる形です。三人称の語幹の母音に注意して下さい。（もう一つの強変化と呼ばれるパターンについては、次の課で扱います。）

	sentir		morir	
	単数	複数	単数	複数
一人称	sentí	sentimos	morí	morimos
二人称	sentiste	sentisteis	moriste	moristeis
三人称	sintió	sintieron	murió	murieron

その他に、creer / leer （三人称単数が creyó / leyó, 三人称複数が creyeron / leyeron）などの変化をする動詞もあります。

2 点過去形と現在完了形との比較

現在完了形と点過去形は、いずれも、現在より前に起きたできごとを記述するための時制ですが、どう違うのでしょうか。ここであらためて、この二つを比較しながら、違いを考えていきましょう。

2a 現在完了形は「現在に関連する」過去（「今」より前）の出来事を表します。つまり、現在に関連する過去の出来事、あるいは、現在という次元の中で、「『今』よりも前におきたことを表す」と考えるとよいでしょう。²⁻⁵⁴

Ya **he terminado** la tarea.

私はすでに課題を終えた。（現在までに完了したできごと）

He trabajado como mesero.

私はウェイターの仕事をしたことがある。（現在にその経験が生きている）

Este mes **he comido** cuatro veces en ese comedor.

今月4回その食堂で食べた。（「今月」という今につながる時間の中でしたこと）

2b もちろん、これらのできごとを過去形を使って表現することもできます。²⁻⁵⁵

もしこれが、　　**Terminé** la tarea.　　　**Trabajé** como mesero.

と、点過去形を用いて表現されたら、現在までに完了した、あるいは経験がある、という意味は持たず、過去のどこかで起きたできごと、ということになります。

また「『昨日』その食堂で食べた（Ayer **comí** en ese restaurante.）」という場合も、「昨日」は「今月」とは違い、過去に属する時間なので、単に点過去形を使って表現します。

3 感嘆文 ²⁻⁵⁶

感嘆文は名詞や形容詞・副詞、あるいは文に疑問詞と感嘆符をつけることで作ります。また、比較の表現で使った tan との組み合わせも見られます。英語とも似ていますし、わかりやすいと思うので、例をいくつかあげるだけにとどめますが、他にもいろいろな感嘆文があるので、少しずつ学んでいって下さい。

¡Qué interesante!　　　　¡Qué bonita canción!　　　　¡Cómo te extraño!

¡Qué jugada tan interesante!　　　　¡Qué canción tan bonita!

Lección 20

2-57

A: ¿Qué comiste ayer?　　**B:** Ayer comí pozole. Me gustó muchísimo.

A: ¿Dónde cenaste anoche?　　**B:** Anoche cené en un puesto de tacos.

A: ¿Ya has terminado la tarea?　　**B:** Sí, por fin la he terminado. ¡Ya estoy libre!

A: He trabajado como maestro antes, así que sé convivir con los estudiantes.
B: ¡Ah, qué bien! Entonces le encargo esta clase sin ninguna preocupación.

Ejercicios

動詞を点過去形に活用させて（　　）に入れ、文を完成させましょう。
なお、2) *Como la flor* は Selena という歌手の代表作です。

1) ¿Qué canción (cantar　　　　　　　　) tú?

　 — Yo (cantar　　　　　　　　) *Como la flor* de Selena.

2) ¿Dónde (vivir　　　　　　　　) ustedes?

　 —Yo (　　　　　　　　) en Meguro y Pepe (　　　　　　　　) en Gotanda.

3) ¿Qué (vosotros, aprender　　　　　　　　) curso de verano?

4) (nosotros, aprender　　　　　　　　) muchas cosas

豆知識

過去形と現在形の関係をどうとらえるか

皆さんの多くは、過去形・現在形・未来形という時制は、過去から現在、そして未来へと流れる時間のそれぞれに対応しているとお考えだと思いますが、それだと現在完了形のような形がなぜ存在するのかがよくわかりません。

言語学が専門の方には「そんなに単純ではありません」と突っ込まれるとは思うのですが、私が皆さんにおすすめしたいのは**「現在時制と過去時制は別の次元だ」**と考えることです。現在時制には現在形や現在完了形、未来形などが含まれ、過去時制にはこの課で扱った点過去と、次の課で扱う線過去の2つの過去形や、以下の課で扱う過去未来形、接続法過去形などが含まれます。

「現在より前」に起きたことでも、現在と関係があるとみなされるものを表すときは現在完了形を使うのに対し、過去形で表されるのは、現在とは切り離された、過去の出来事だとお考え下さい。（英語の仮定法ででてくる、If I could など、時間的には現在のことを言っているのに過去形を使うのも、これで説明がつきます。これについては、最後の接続法過去についての説明のところであらためて扱います。）

Lección 21

Cuando era niña, iba muy seguido a ver a mis abuelos.

この課の内容

・線過去の活用
・線過去の用法と意味
・点過去形の不規則活用（強母音変化）

前の課ではじまった「過去形トリロジー（3部作）」第2部は、もう一つの過去形、線過去形を扱います。線過去は活用はとても覚えやすいのですが（そのため点過去より先に教える教科書もあるくらいです）、意味は点過去より複雑です。まずは日本語に訳すと、点過去は「した」、線過去は「していた」にあたると考えてください。しかしその訳に当てはまらない例もあるので、次のページの「線過去は『完了していない』過去のできごとを表す」という文法説明の意味を、少しずつ理解していって下さい。この課の後半では、強変化と呼ばれる点過去の不規則形を扱います。おそらくたくさんあるスペイン語の活用の中でも覚えるのが大変な部類に入るかと思いますが、よく使われる動詞ばかりですし、コツをつかんで時間をかければ、きっと覚えられると思います。

● **この課で学ぶ主な表現** 2-58

Cuando era niña/niño, iba a la playa casi todos los días.

Yo viví en México cinco años. Cuando vivía allí, conocí a muchos amigos.

— ¡Muchas felicidades por ganar el torneo!

— Gracias, creo que jugué bien, pero tuve mucha suerte también.

— ¡Ay, qué modesto eres!

Lección 21

| Gramática | 線過去の活用、線過去の用法と意味、点過去形の不規則活用 |

1 線過去形

1a 線過去形の活用

線過去の活用は、点過去と比べてかなり覚えやすいので、こちらを先に覚えてしまう手もあるかもしれません。ただ、普通に「〇〇した」という時に使うのは点過去なので、その点には十分気をつけて下さい。(線過去さえ覚えればいい、というわけではありません。)

	tomar		comer	
	単数	複数	単数	複数
一人称	tomaba	tomábamos	comía	comíamos
二人称	tomabas	tomabais	comías	comíais
三人称	tomaba	tomaban	comía	comían

-ir 動詞は-er 動詞と全く同じ変化をします。

vivir: vivía, vivías, vivía, vivíamos, vivíais, vivían

不規則形も3つしかありませんので、できれば覚えてしまいましょう。
特に ser と ir はよく使われます。(ser と ir のアクセントにも注意。)

ser:　era, eras, era, éramos, erais, eran

ir:　　iba, ibas, iba, íbamos, ibais, iban

ver:　veía, veías, veía, veíamos, veíais, veían

1b 線過去形の用法 2-59

線過去形は、過去において継続していたことや繰り返し行ったこと、過去の状況などを表します。とりあえずは、「〇〇していた」と訳せばいいと考えておいて下さい。

Carlos **era** un niño muy travieso, pero ahora es una persona muy tranquila.

En la secundaria **jugaba** al fútbol.　　Cuando **vivía** en México, **comía** tacos.

Cuando **era** niño, no me gustaban las verduras, pero ahora sí me gustan mucho.

より本質的な説明をすると、線過去は過去の出来事ですが、完了していない様子を表します。過去のことなら終わっているのでは?と思われるでしょうが、あくまでも「(その時点では)終わっていなかったこと」として表現するという意味です。

2a 点過去形の強変化

点過去形はただでさえ、変化が難しいのですが、さらに学習者にとって大変なのが、この強変化です。規則動詞とは違い、アクセントの位置もずれるので最初は面食らうと思いますが、一人称単数の形と変化の規則さえ覚えてしまえば、実はそれほど難しくはありません。なにより重要な動詞が多い、つまり出てくる頻度が高いので、意外と大丈夫です。マイペースで覚えましょう。

	estar		querer	
	単数	複数	単数	複数
一人称	estuve	estuvimos	quise	quisimos
二人称	estuviste	estuvisteis	quisiste	quisisteis
三人称	estuvo	estuvieron	quiso	quisieron

語尾変化のパターン：-e, -iste, -o, -imos, -isiteis, -ieron (-eron)

一人称単数（語尾変化は上の通り）

tener: tuve　　**poner:** puse　　**haber:** hube　　**saber:** supe　　**venir:** vine

hacer: hice（三人称単数が hizo となることに注意）

decir: dije（三人称複数は i がとれて dijeron となります：
　　　　似たようなパターンとして、他に traer → traje, trajeron などがあります。）

2b その他の不規則変化

強変化の動詞に似ていて、少し違う変化をする動詞がいくつかあります。

ser, ir: fui, fuiste, fue, fuimos, fuisteis, fueron
　　　　（ser と ir の点過去は全く同じ形になります。）

ver: vi, viste, vio, vimos, visteis, vieron

dar: di, diste, dio, dimos, disteis, dieron

Lección 21

A: ¿Qué deporte practicabas cuando eras niño / niña?

B: Yo jugaba al tenis / fútbol / béisbol / sóftbol / vóleibol / básquetbo (=baloncesto) / balonmano / fútbol americano / rugby / ajedrez, etc.

Yo practicaba artes marciales / judo / taekwondo / karate / capoeira, etc.

A: ¿Qué comida te gustaba cuando / eras niña\niño / estabas en la secundaria?

B: Me gustaba / la carne asada / el pollo / el pescado.

Me gustaban los tacos / los dulces.

A: ¡Bienvenidos! ¿Tuvieron algún problema para llegar hasta aquí?

B: No, no tuvimos ningún problema gracias a tus instrucciones. Pudimos llegar hasta aquí muy fácilmente.

Ejercicios

動詞を点過去形の適切な形に活用させて、(　　) に入れましょう。

1) ¿A dónde (ustedes, ir　　　　　) el pasado fin de semana?

— (ir　　　　　) al museo. (el museo, ser　　　　　) maravilloso.

2) Usted (estar　　　　　) en la conferencia de prensa, ¿verdad?

— Sí, ahí (estar　　　　　). Gracias por darse cuenta.

3) ¿Vosotros no (hacer　　　　　) la tarea? ¿Qué les pasó?

— Nosotros (intentar　　　　　) hacerla pero no (poder　　　　　).

4) ¿Qué vosotros, (aprender　　　　　) en el curso de verano?

— (nosotros, aprender　　　　　) muchas cosas.

Lección 22

Cuando trabajaba en la radio, conocí a Jorge.

この課の内容

・点過去形と線過去形の違い
・過去完了形
・過去未来形（その２）

過去形３部作（トリロジー）もいよいよ最後となります。ここでは点過去と線過去という２つの過去形の違いや、それらをどう組み合わせて実際に文が作られるのかをまず考えます。「過去に完了したこと（点過去）」と「完了していないこと（線過去）」という二つの過去形の性質を、よく理解して下さい。課の後半では、過去完了形や過去未来形など、その他の過去時制の形を学びます。過去未来形については第17課で、会話でよく使われる「丁寧用法」を学びましたが、ここでは本来の「過去から見た未来」の用法を中心に勉強します。

● **この課で学ぶ主な表現** 2-61

Cuando leía este libro, aprendí algo muy importante.

Cuando sonó el teléfono, comíamos juntos en la cafetería.

Ayer hubo examen y me fue muy bien ya que había estudiado mucho.

Ella me decía que asistiría a la fiesta.

Lección 22

1 点過去と線過去の違いを理解する

点過去と**線過去**の違いについては、いろいろな説明があります。

1a 「した」と「していた」：日本語からみて一番簡単な説明は前の課でお話ししたとおり、点過去が「した」で、線過去が「していた」と訳し分けることです。
しかしこれだと例えば、「5年間メキシコに住んでいた」という場合には点過去を使う、というのを説明できません。

1b 完了と未完了：もう少し詳しくいうと、点過去が「過去において完了した動作」を、そして線過去が「過去において完了していない動作」を表す、と考えた方が正確です。

1c 実際の用例に基づいて、もう少しわかりやすい言い方をすると「線過去は点過去で述べられているできごとの背景を表す」と考えるといいと思います。
2-62

Anoche **cenamos** en la casa de José.
Mientras **cenábamos**, discutimos muchos temas.

El pasado fin de semana fuimos al parque y **paseamos** ahí.
Cuando **paseábamos**, vimos a Juan.

Yo **viví** en México por cinco años.
Yo **vivía** en México por cinco años y ahí conocí a mi amigo José.

二つの例文をセットであげてみました。いずれも、太字の動詞が最初の例文では点過去形に、二番目の例文では線過去形になっています。
最初の文は、「夕食をとる」「散歩する」「住む」という動作が過去の事実として表現されています。
それに対して二番目では、「夕食をとっていたとき」「散歩していたとき」「住んでいたとき」のように、「そのことが行われていたときに、何が起きたのか」を記述するために、背景説明に線過去形が、そしてできごとの記述に点過去が、それぞれ用いられています。

2 過去完了形 **2-63**

過去完了形は haber の線過去形と過去分詞の組み合わせで作ります。

	tomar	単数	複数	
一人称	había	tomado	habíamos	tomado
二人称	habías	tomado	habíais	tomado
三人称	había	tomado	habían	tomado

過去のある時点において、すでに完了していたことを表します。

Antes de la reunión **habíamos decidido** el tema de la discusión.

Ayer fuimos a un restaurante muy popular.

Habíamos reservado una mesa un mes antes.

Había venido a Roma en aquella primavera radiante...

(Gabriel García Márquez, *La santa*)

どの例文も、過去のある時点のことを想定し、その時点ですでに起こっていたことが、過去完了形で表されています。

3 過去未来形その2

過去未来形については第17課（67ページ）で、活用と、実践でよく使われる丁寧用法を学びましたが、ここでは過去未来の名前に関連する二つの用法を学びます。

3a 過去から見た未来
2-64

過去のある時点を振り返って、「あのとき私はこうなると思っていた・こういう予定だった」というように、その時点から見て未来のことを表すときに使います。英語の would（will の過去形）と考えることができます。

Ella me dijo que **vendría** a la reunión (pero no ha venido, etc.).

El maestro creía que ella **sería** una violinista muy buena, y tenía razón.

Yo pensaba que no **podría** asistir a la fiesta por el trabajo, pero ¡sí pude!

3b 過去における推量
2-65

未来形は現在における推量を表す形でもあります。それと同じく、過去未来形は過去における推量を表すために使われることがあります。

Como salieron muy tarde, no llegaron a tiempo.

Como salieron muy tarde, no **llegarían** a tiempo.

上の文は「出たのが遅かったので時間通りに着けなかった」と言っている（遅刻したことを知っている）のに対し、下の文の後半は「（多分）時間通りに着けなかっただろうね」と、推量で話をしています。

豆知識

2つの過去形

線過去と点過去の使い分けは難しいです。私たち教員でも、「あれ、今自分は線過去を使ったけど、これは点過去でいうべきだったな」と思ったり、どっちで言うべきかなと迷ったりすることはあります。他の先生たちの会話を聞いていても、そう思うことはよくあります。

　あまりスペイン語を使うチャンスがない学生さんであれば、とりあえずは「スペイン語の過去形には、そのことが完了したことをあらわす点過去と、過去に起きたことだけど未完了のものとして述べる線過去という、二つの過去形があるのだ」と言うことを理解してください。それはことばというものを考えるにあたって大事な知識ですし、英語にもしかすると応用できるかもしれません。（英語にはもちろん、点過去と線過去の区別はありませんが、線過去に比較的近い表現として過去進行形があげられます。）

　ネイティブ教員の授業を取ったりして、実際に使う機会がある学生さんは、ぜひたくさん練習して、こういう場合はこちらを使うのか、と言うのを勉強し、それをまた教科書や web の説明と照らし合わせて、考えてもらえるとよいと思います。

Lección 22

A: ¿A qué hora te hablaron por teléfono?

B: Apenas estábamos empezando a comer, así que eran las dos de la tarde.

A: ¿Usted pensaba que podría venir?

B: Sí, pero tuve mucho trabajo y no pude.

A: ¿A qué hora escuchó el ruido?

B: No estoy segura, pero serían las 5 de la mañana.

Ejercicios

1. (　　) 内の動詞を、点過去と線過去のどちらかに活用させて文を完成させましょう。

1) Cuando el maestro (vivir 　　　　　　　) en México,

(conocer 　　　　　　　) a Josefa, su futura esposa.

2) Cuando Hugo (caminar 　　　　　) en el parque, (encontrar 　　　　　) una cartera.

3) Cuando nosotros (llegar 　　　　　) a la fiesta,

todo el mundo (comer 　　　　　) y (beber 　　　　　).

ヒント：どちらかが点過去ならもう一方は線過去です。意味をよく考えてどちらかを選び、動詞を活用させて下さい。

2. (　　) 内の動詞を、右の時制に活用させて文を完成させましょう。

1) Cuando llegamos, mis amigos ya (llegar 　　　　　　　).　　　　過去完了

2) Sara y Zazil ya (conseguir 　　　　　　　) los materiales.　　　　過去完了

3) Diana me decía que (ir 　　　　　　　) al extranjero en febrero.　　過去未来

4) (ser 三人称複数 　　　　　　　) las tres de la madrugada.　　　　過去未来

Cuando tengas tiempo, vamos a ver la película.

- ・接続法の様々な用法：
  - 1) 否定・感情の表現
  - 2) 形容詞節や副詞節での接続法
- ・接続法過去の活用と基本用法（時制の一致）

いよいよ、スペイン語文法という長い旅も最後に近づいてきました。最後の二つの課では、再び接続法に戻ります。この課の前半では、接続法の現在形の様々な用法を学び、後半では接続法過去という形を学びます。

● この課で学ぶ主な表現　2-67

No creo que llueva hoy.

No pienso que sea muy buena la idea, pero a lo mejor nos va a salir bien.

Estamos tristes de que no te haya salido bien la cosa, pero siempre te apoyamos.

Me alegro de que ustedes me apoyen. Se lo agradezco mucho.

Buscamos una persona que cuide al gato mientras viajamos.

Buscábamos una persona que cuidara al gato.

Cuando seas grande, seguramente vas a ser una persona encantadora.

No creía que fuera muy buena la idea.

Lección 23

Gramática	接続法の様々な用法、接続法過去の活用と基本用法（時制の一致）

1 接続法現在のその他の用法その２

繰り返しになりますが、接続法というのは仮想のことをあらわす時に使われる動詞の形です。第19課では、英語の that にあたる que によって作られる名詞節（○○ということ）の中で、話者の願望や意思を表す場合を見てきました。ここでは引き続き、どんな場合に接続法が出てくるのかを見ていきます。

1a 否定
「私は○○とは思わない」という場合、○○、で表される内容は、話者によって否定されています。つまり、話者は現実ではないと思っている仮想のことなので、接続法で表されます。
2-68

No creo que ella **sepa** la verdad.　Si sabe la verdad, no creo que **haga** tal cosa.
No es probable que **ganen** el partido.　¡Pero de todos modos los apoyamos!

1b 感情・価値判断
なぜ接続法なのか、わかりにくい用法ですが、「○○でよかったね」という場合、○○で表される内容は、事実であると同時に、話者の頭の中に一度入ったことなので、これも仮想の一種とみなされ、接続法で表されます。
2-69

¡Qué bueno que **estés** bien!　　　Me alegro de que **estemos** juntos otra vez.

1c 形容詞節
たとえば、「スペイン語がわかる人を探しています」という文を考えます（その人に通訳を頼みたいとか、スペイン語を教えてほしいとか）。まだその段階では、スペイン語がわかる、というだけで、特定の人を指しているわけではありません。つまりその人は「仮想の存在」なわけです。こうした場合にも、関係節（この場合は名詞を修飾するので「形容詞節」となります）には接続法が用いられます。
2-70

Busco una persona que **hable** español. Necesito alguien que **traduzca** esta carta.

1d 副詞節
副詞節とは、その節が主文全体を副詞のように修飾する関係節です。cuando で○○するとき、というのを表したりするのが代表例です。この cuando を使った副詞節で「未来のいつか」を指す場合、その「いつか」はまだ起こっていない、仮想の時ですので、接続法を用いて表されます。これ以外にも、目的を表す para que で導かれる従属節は、必ず接続法で表現されます。
2-71

— Hay un festival de cine español. Cuando **tengas** tiempo, vamos a ver la película.
— Gracias por la invitación. Tengo muchas tareas pero trato de terminarlas para que **podamos** ir al festival.

2a 接続法過去の活用

接続法過去の活用形は二種類ありますが、基本的な作り方は同じです。ここでは
ラテンアメリカで主に使われる形（-ra 形）について説明します。（もう１つの
「-se 形」については web をごらん下さい。）

	tomar		comer	
	単数	複数	単数	複数
一人称	**tom**ara	**tom**áramos	**com**iera	**com**iéramos
二人称	**tom**aras	**tom**arais	**com**ieras	**com**ierais
三人称	**tom**ara	**tom**aran	**com**iera	**com**ieran

-ir 動詞の活用は -er 動詞と同じです。

不規則動詞の接続法過去形は、点過去形の活用から作ることができます。点過去
形の三人称複数の、最後の ron を取って、そこに -ra, -ras, -ra... という活用語尾
をつけると考えて下さい。

estar → estuvieron → estuvie- estuviera, estuvieras, estuviera ...

	estar		ser / ir	
	単数	複数	単数	複数
一人称	**estuvie**ra	**estuvié**ramos	**fue**ra	**fué**ramos
二人称	**estuvie**ras	**estuvie**rais	**fue**ras	**fue**rais
三人称	**estuvie**ra	**estuvie**ran	**fue**ra	**fue**ran

2b 接続法過去形の使い方（時制の一致）
2-72

接続法過去形が一番よく使われるのは、実は次の課で扱う条件文ですが、ここで
は最も基本的な使い方である時制の一致だけを扱います。

接続法現在形のところで、従属法の中に接続法が出てくるパターン、というのは
いくつか勉強しましたが、その場合、主節が過去形になると、従属節も過去形と
なり、接続法過去形が使われます。

Quiero que visiten el museo. → Quería que **visitaran** el museo.
No creo que sea posible. → No creí que **fuera** posible.

♫No pensé que **fueras** a dejarme. (Gloria Estefan, *Y tú volverás*)

Lección 23

  2-73

A: No creo que llueva mañana. Creo que hará buen tiempo.

B: Entonces, vamos a pasear mañana. Quiero que conozcas la belleza de la ciudad.

A: Me gustaría que conocieras a mi amigo Enrique.

B: Gracias. Yo también quiero conocerlo.

A: Te traigo un regalo que compré en el viaje.

B: Ay, no te hubieras molestado, pero muchas gracias.

Ejercicios

1. 動詞を接続法現在の適切な形に直し、文を完成させましょう。

1) No creo que (nosotros, poder _____) tocar a las obras.

2) Dudo que ellos (llegar _____) hasta aquí.（綴りに注意）

3) Me alegro de que les (gustar _____) la comida.

4) Estamos buscando un contador que (hacer _____) esos trámites.

5) Cuando (tú, necesitar _____), háblame y estoy a tus órdenes.

2. 動詞を接続法過去の適切な形に直し、文を完成させましょう。3) 〜 5) は不規則活用なので、注意しましょう。

1) Dudaba que ustedes (llegar _____) hasta aquí, ¡pero sí llegaron!

2) Yo quería que (vosotros, comer _____) mucho, por eso cociné bastante.

3) Estábamos buscando un contador que (hacer _____) esos trámites.

4) No creía que (nosotros, poder _____) tocar a las obras.

5) Yo (querer _____) preguntar, ¿dónde está la farmacia más cerca?

Si pudiera, ella misma lo haría. Pero ella no puede.

この課の内容

- ・直説法現在形を使った現実的な条件文
- ・接続法過去形を使った非現実的な条件文
- ・接続法過去形を使った実現性の低い願望文

いよいよ、最後の課です。ここでは、接続法過去の用法として、条件文と非現実的な願望の表現を扱います。現在の英語でもっぱら用いられる「仮定法」は、実は仮定法「過去」で、スペイン語の接続法過去にあたるものです。ですので、ここでスペイン語の接続法過去を学びつつ、英語の仮定法についても理解を深めてもらおう、というのが、私たちの狙いです。(なお、仮定法現在もわずかながら現在の英語でも使われています。それについてはコラムで。)最後に、この接続法過去形を用いた、実現可能性の低い願望文についても触れます。

● この課で学ぶ主な表現 2-74

Si tienes dinero, compra este libro. Es muy interesante.

Si estás libre este fin de semana, te invito al bautizo de mi sobrina.

Si yo tuviera mucho dinero y un año libre del trabajo, viajaría por el mundo.

Si yo estuviera en su lugar, haría algo diferente para solucionar el problema.

Ojalá que a los estudiantes les haya gustado este libro de texto.

Ojalá que algunos de ustedes siguieran estudiando y llegaran a dominar el español.

Lección 24

Gramática	条件文、非現実的願望文

1 条件文

スペイン語には3種類の条件文があります。条件文とは、「もし○○だったら」という「条件節」に導かれ、「○○だろう」という「帰結節」がそれを受ける、という構文です。ここでは、「もし」が現実的なものと非現実的なものの2つについて、どのように作るかを解説します。なお、3番目のものについては、接続法過去と過去未来の完了形の知識が必要なため、参考程度の記述にとどめておきます。（webにより詳しく載せておきます。）

1a 現実的な条件文　🎧 2-75

「もし」ではじまる条件節が、十分に実現しそうである場合は、条件節には直説法現在形をつかいます。これを「現実的条件文」と呼び、帰結節には現在形や未来形などを使います。

Si **puedes** ayudarnos, te **agradecemos** mucho.

Cuando **tengo** un poco de dinero, me **compro** libros y, si me sobra algo, me **compro** ropa y comida. (Erasmo de Rotterdam)

Si **puedes**, ¡**olvídame**!

1b 非現実的な条件文　🎧 2-76

条件文で面白いのは、非現実的な仮定を立てて、もしそれが実現したらこうなるのに、という表現です。そのような場合、条件節には接続法過去形を使い、帰結節には過去未来形を使います。これは英語の仮定法の条件文（If it <u>was</u> true, it <u>would</u> be nice. など）に対応します。

Si **tuviera** mucho dinero, **compraría** un coche / una casa.
　　　　　　　　　　　　　　iría a estudiar a España / México / Guatemala.
　　　　　　　　　　　　　　viajaría por toda América Latina.

♫ Si me **dijeran**: "Pide un deseo", **preferiría** un rabo de nube.
(Silvio Rodríguez, *Rabo de nube*)

1c 過去における非現実的な条件文（反実仮想） 2-77

「もしあのときこうだったら、未来は違うものになっていたのに」というのは、誰しも思うことではあります。こうした「反実仮想」と呼ばれる言い方をするときは、1b の「現在の非現実的条件文」の時制を、それぞれ完了形にすることで過去に移します。つまり、条件節には接続法過去ではなく接続法過去完了形を、帰結節には過去未来ではなく、過去未来完了形を使います。

Si no **hubiera conocido** a esa persona durante el trabajo de campo, no **habría podido** terminar la tesis. Sinceramente, tuve mucha suerte.

2 非現実的願望文（¡Ojalá!を使って実現性の低い願望を表す） 2-78

第 18 課の接続法の導入のところのミニ会話 (p. 72)で、ojalá という単語を紹介しました。もともとアラビア語で「神様がそう望まれますように」を意味する表現です。「こうだったらいいな」という意味で使われますが、その実現可能性が低い場合には、接続法の現在形ではなく、過去形を使います。
例えば「誰かがパーティーに来てくれたらいいな」という場合に「実際に来られそうな人」と「難しいだろうけど来てくれたらいいなという人」では、言い方が違うということになります。

Ojalá que **puedas** venir a la fiesta. （出席の可能性が高い人）

Ojalá que **pudieras** venir a la fiesta. （出席が難しそうな人）

このように、接続法過去にも様々な使い方があることを理解し、すぐには難しいかもしれませんが、いつか使えるようになってもらえたら、と思います。

豆知識

英語の仮定法現在について

　接続法現在の説明のときは、「接続法って本当に仮定法なの？」と思っていた方も、接続法過去を用いた非現実的条件文の説明を聞いて、「ああこれなら確かに仮定法だ」と安心したのではないかと思います。つまり、皆さんが「仮定法」と呼んでいる形は、正確には「仮定法過去」なのです。
　そうなると、英語に「仮定法現在」はあるのか？というのが気になる方もいると思います。答えはもちろん「ある」です。現在はほとんど使われていませんが、下にあげた、いずれも神様に関連する 2 つの表現は今もよく使われます。意味はご自分で調べて、接続法の説明を参考にしながら、どういう意味でこの形が使われているのか、考えてみて下さい。

(God) Bless you!　God save the Queen / King.

Lección 24

自由作文：色々な条件文を作ってみましょう。

この課で習った条件文を自分で作ってもらいます。

1) 実現する可能性が高いものについては直説法の現在形を、

2) 非現実的なものについては、接続法過去形と過去未来形を、それぞれ使って、

文を考えてみて下さい。もしよければ、接続法過去完了形と過去未来完了形を使って
「もしあのときこうしていたら」という反実仮想の文も作ってみてください。

豆知識

映画によく出てくる非現実的条件文

　非現実的条件文は映画にもよく出てきます。ここでは特に印象深い二つの映画からとったフレーズを紹介しますが、他にもたくさん例はありますので、皆さんのお気に入りのセリフを見つけてください。

1) ペドロ・アルモドバル監督作、ペネロペ・クルス主演の『ボルベール・帰郷』という映画の冒頭に、主人公が亡くなった母親のお墓参りに行き、認知症をわずらっているおばのところに挨拶に行くシーンがあります。おばは死んだはずの主人公の母親がまだ生きているように話し、主人公たちを困惑させます。

   Tía "Si pudiera, ella misma la limpiaría, pero claro, la pobre (= ella) no puede."
   Sole "Claro, ella no puede..."
   おばさん「できることなら、彼女は自分で掃除にいきたいのよ。でももちろん、かわいそうな彼女はいけないわ。」
   ソレ（主人公の姉）「そうよね、彼女は行けないわ（死んじゃってるし）」

2) 1985 年のアカデミー賞外国語映画賞をとった『オフィシャル・ストーリー』は、軍政末期のアルゼンチンを扱った映画です。主人公のアリシアは高校の歴史の先生。エリートの夫と養女のガビの 3 人で幸せに暮らしていますが、ガビの本当の両親が誰なのか、夫は教えてくれません。映画の最後のシーンにさしかかったところで、なかなか事実を明かさなかった夫が思わず、

   Si fuera cierto,(...) ¿qué cambia?

   「もしそれが本当だったとしたら何が変わる？」

   と、非現実的条件文を使って問いかけます。それに対してアリシアは、
   Entonces es cierto.「（あなたがそう言うということは）本当なのね」
   と、直説法現在形で確信を持って返します。それに対して、夫は何も言い返せず、黙ってしまいます。（なお、この例では帰結節が直説法現在形になっていますが、こういうことは実際の会話ではよくあります。）

   動詞の形を変えることで、これだけはっきりとした意味の違いを出せる、というのがとてもよくわかるやりとりだと思います。手に入れるのは難しい映画ですが、機会があればご覧になって頂けたらと思います。

   他にももちろん、たくさんのご紹介したいシーンがあります。聞きとりは難しいかと思いますが、si と -ría という過去未来の語尾を頼りに、探してみるといいかと思います。

ここまでの教科書本文に入りきらなかった内容を、巻末補遺として集めました。あいさつなどの日常的に使える便利な表現に加えて、本編で扱えなかった文法事項、関係代名詞と完了形について補足します。また、こちらの補遺に加えて、スペイン語文法を学んでいて感じる「なぜ？」という問いにお答えすべく、web にもいろいろな補足の記事を載せていきます。例えば、スペイン語文法を学んでいて感じる「なぜ？」という問いのひとつとして、なぜ形容詞から副詞を作るときに -mente が語尾に付くのか？という話などです。ぜひ参考にして下さい。

後半は、本来ならば本文で扱うべき内容の、関係代名詞と完了形を載せています。スペイン語の関係代名詞は、人にでもものにでも使える que はともかく、色々と難しいところがあるので、実際の文に触れながらこちらの補遺を使ってもらえるとありがたいです。完了形については、よく使われる現在完了と過去完了は本文で扱いましたが、それ以外の比較的使用頻度の低いものはこちらにまとめました。

最後のページは参考文献と謝辞となります。今後の皆さんのスペイン語そして言語一般についての学習を助けてくれる資料ものせておいたので、参考にして頂けるとうれしいです。また、謝辞まで読んで下さる方は少ないと思いますが、この教科書がどんなふうにしてできたのかを垣間見ていただけるかと思いますので、ご関心のある方は是非どうぞ。

1. 便利なあいさつ・日常会話

初対面のときに使うあいさつ

はじめまして：Mucho gusto.　　　　　Encantada/Encantado.

名乗る・名前を聞くときに使う表現

私の名前は○○です：Me llamo ○○.　　　Mi nombre es ○○.　　　Soy ○○.

相手の名前を聞く場合は：¿Cómo te llamas?　　　　¿Cómo se llama usted?

(¿Cuál es tu nombre? はお役所や受付で名前を聞くときに、　¿Quién es? は「(例えば呼び鈴が鳴ったときに) どなたですか？」という感じで使う言い方なので、初対面の人に名前を聞くときには使いません。)

¿Cómo estás? にかわる表現

¿Cómo estás? 以外にも、相手の調子や様子を尋ねるたくさんの表現があります。

¿Qué tal?　　　　¿Cómo te va?　　　　¿Qué hay?　　　　¿Qué me cuentas?

買い物の時に

いくらですか？：Cuánto es?　　　　　¿Cuánto cuesta?　　　　　¿Qué precio tiene?

レストランでお会計をお願いする場合：

La cuenta, por favor.　　　　　Tráigame la cuenta, por favor.

2. 関係代名詞の独立用法ならびに関係代名詞を前置詞とともに使う場合

関係代名詞については、第 10 課および第 15 課で扱いましたが、そこでは説明できなかったこともたくさんあります。ここでは、「独立用法」という重要な用法、関係代名詞が前置詞を伴う場合のルール、そしてそれらの場合に用いられる関係代名詞について補足します。

独立用法

関係代名詞というと、「先行詞は何か」が気になる、という方も多いと思いますが、独立用法においては先行詞はなく、「○○のもの・こと・人」といった意味です。独立用法として用いられる場合は、que に定冠詞をつけるか、人であれば quien を用います。que は単独では独立用法としては使いません。

以下の例文では、下線を引いた部分が、関係節の中身です。

El que tiene la culpa soy yo.　　　　責任を持っている人間は私だ

La que pintó esta es mi amiga.　　　この絵を描いた人（女性）は私の友人だ

La que está en frente es nuestra casa.　　正面にあるのが、私たちの家です。

Quienes hablan mal de ti, no saben nada.

　　　　　　　　　君のことを悪くいう人たちは、何もわかっていないんだ。

前置詞とともに使われる場合

英語でも in which のような、前置詞と関係代名詞を組み合わせる表現がありますが、スペイン語の場合、こうした形には英語にはない二つの決まりがあります。

1）前置詞は必ず、関係代名詞の前に置かれる（英語では、whom I grew up with のように前置詞が語尾に置かれることがあるが、スペイン語はそうはならない）。

2）前置詞が前に来る場合、関係代名詞は el que/la que や quien 等を使い、que は使わない。（ただし、実際には会話ではよく使われます。）

　　Este es el salón en el que hacen fiestas de quinceañera.
　　ここが、15 歳のお祝いがよく開かれるサロン（パーティー会場）です。

　　Esta es mi amiga con quien viajé por todo Japón.
　　これが、私が一緒に日本中を旅した友人です。

3. 完了形

スペイン語では、現在・未来・点過去・線過去・過去未来・接続法現在・接続法過去のそれぞれの時制に完了形があります。そのうち、現在完了と過去完了（線過去の完了形）以外は本文では扱えなかったので、こちらに用法をあげておきます。

未来完了（haber の未来形＋過去分詞）

未来のある時点で完了したこと（私はいついつまでに課題を終わらせる、など）を表すとともに（例文①）、現在完了形の推量（例文②）も表します。

① Para el sábado habré terminado la tarea. 　　土曜日には課題を終えているよ。

② Pobre don José, ¿quién lo habrá puesto así?

かわいそうなドンホセ、誰が彼をこんなふうにしちゃったんでしょう？

（🎞 *El espíritu de la colmena* より）

過去未来完了（haber の過去未来形＋過去分詞：英語の would have）

「過去から見た未来の完了」というのを日本語でいうと、「あのとき私は、いつまでにはこの作業を終えていると考えた・約束した」のようなときに使われます。この説明で余計わからなくなったかもしれませんが、英語の would have だと思うと、なんとなくわかるかもしれません。ちなみに過去未来完了が最もよく使われるのは、接続法過去完了形との組み合わせで、過去における非現実的条件文を作るときです（例②）。

例①： Los alumnos le prometieron a la profesora
　　　生徒たちは先生（女性）に約束した
　　　que habrían presentado sus reportes 　　　antes del fin del semestre.
　　　レポートを提出し終えているだろうと 　　　学期が終わる前には

例②： Si ellos no me hubieran apoyado, yo no habría podido llegar hasta aquí.
　　　もし彼らが支えてくれなかったら、私はここまでたどり着けなかっただろう。

参考文献

特に参考にした既刊の教科書
著者たちがこれまで利用してきた教科書です。これらを使って授業をする中で学んだことが、この教科書にも多く反映されているかと思います。

『スペイン語 12 課』 *Doce lecciones de español*（テジョ＝マロト著・白水社）

『スペイン語文法の要点』 *20 lecciones esenciales de gramática española*

（二宮哲著・朝日出版社）

『ディメロ』*Dímelo*（東京大学教養学部スペイン語部会編・朝日出版社）

『生き活きスペイン語　改訂版』 *Español vivo −Edición revisada−*（福嶌教隆・朝日出版社）

スペイン語をさらに学ぶために
スペイン語文法を学ぶ上で、「なぜ？」と思うことはたくさんあります。ご紹介する 2 冊は、そんな問いのほとんどに答えてくれる、そしてスペイン語の歴史について考えるきっかけを与えてくれる、素晴らしい本です。本書の執筆時も何度も参考にさせて頂きました。

『スペイン語文法ハンドブック』（上田博人著・研究社）

『スペイン語の世界』（岡本信照著・慶應義塾大学出版会）

ウェブサイト
教科書本体に加えてウェブサイトに補助教材をアップし、学生の皆さんに役立ててもらうというアイディアは、こちらのサイトが元祖です。（ありがたいことに、教科書『ディメロ』が使われなくなった今も、サイトが残されています。）私たちも後発組として、及ばずながら様々な工夫をしていこうと思います。それについてはウェブサイトでご確認下さい。

東京大学スペイン語部会 Dímelo 教科書支援教材

https://spanish.ecc.u-tokyo.ac.jp/dimelo/

スペイン語以外の言語について
私はよく「英語をやるだけでも大変なのに」という学生さんに「英語だけやっていても英語はできるようにならない」と言って激励する（？）のですが、この本は英語やラテン語、そしてこちらの参考文献にあげたヒンディー語や古典ギリシャ語からもヒントを得ました。こちらについても感謝とともにご紹介しておきます。

『思いがけず利他』（中島岳志著・ミシマ社）

（この本の元になったウェブ連載「利他的であること」も、2022 年 9 月現在参照可能：

https://www.mishimaga.com/books/ritateki/002920.html）

『中動態の世界：意志と責任の考古学』（國分功一郎著・医学書院）

（同じ著者による「中動態から考える利他──責任と帰責性」伊藤亜紗編『利他とは何か』集英社新書所収ならびに以下のウェブサイトなども参照のこと：

http://igs-kankan.com/article/2019/10/001185/）

謝　辞

　この教科書は、著者たちがこれまで教えてきた学生さんたちとのやりとりの中で——つまりは学生の皆さんのおかげで——生まれました。その方たちはすでにスペイン語初級の学習を終えていらっしゃるわけで、この教科書をご覧になる可能性は限りなく低いとは思いますが、そのことをここにこっそり書かせていただきます。また、この教科書でスペイン語を学ぶ皆さんのフィードバックも、将来の改訂などに生かしていきたいと思いますので、何かありましたらぜひご意見をお寄せ下さいますよう、どうぞよろしくお願いいたします。

　本書の表紙に使わせていただいた絵は、著者の一人の渡辺が大変お世話になった、アルゼンチン出身のホルヘ・フェレーラス（Jorge Ferreras）さんがお描きになったものです。ホルヘさんは元々建築がご専門で、東工大への留学を機に来日されましたが、その後も日本にとどまり、人生の半分以上を日本で過ごされました。建築の分野以外にも画家として、そしてNHKの国際放送のアナウンサーとして、2015年に亡くなるまで活躍された方です。東工大にスペイン語の授業ができて、ご自分の絵が表紙となった教科書が使われるようになったと知ったら、きっと喜んでくださると思います。（絵の使用の許可を下さった甥のイグナシオ・フェレーラスさん（アニメ映画『しわ』監督）、そしてイグナシオさんへの連絡を取り次いで下さったNHK国際放送局の荒木庸子さんにもお礼申し上げます。）また裏表紙の写真は、著者の大橋と渡辺、そして山梨大学で博士号を取得されたルイス・アルファロ（Luis Alfaro）さんが撮影したものです。例文をチェックし、また写真の使用の許可を下さったルイスさんにも厚くお礼を申し上げます。

　最後に、この教科書のコンセプトである「学生目線で学びやすい教科書」に基づき、2022年前期に東京大学で渡辺の受講した藤間朋久さんと田中柊平さん（工学部編入生）に原稿を見ていただきました。また、校閲を担当して下さった髙橋沙恵子先生にも大変丁寧に原稿を見て頂きました。どこまでご指摘に沿うものになったかは心許ないのですが、皆様に深く、厚く、お礼申し上げたいと思います。

再び著者を代表して　　渡辺　暁

［イラスト］Shutterstock
［装丁］メディアアート

———————————————————

ミカサ・トゥカサ

ーよくわかるスペイン語文法への招待ー

———————————————————

検印
省略

© 2023年1月30日　　初版発行

著　者　　　　　　　　大　橋　麻里子
　　　　　　　　　　　木　村　秀　雄
　　　　　　　　　　　佐々木　充　文
　　　　　　　　　　　永　田　夕紀子
　　　　　　　　　　　渡　辺　　　暁

発行者　　　　　　　　小　川　洋一郎
発行所　　　　株式会社 朝 日 出 版 社
　　　　　101-0065　東京都千代田区西神田3-3-5
　　　　　　　　　　電話　03-3239-0271/72
　　　　　　　　　　振替口座　00140-2-46008
　　　　　　　　　　https://www.asahipress.com/
　　　　　組版　クロス・コンサルティング/印刷　図書印刷

乱丁、落丁本はお取り替えいたします。
ISBN978-4-255-55135-7 C1087